LISTE ÉLECTORALE

de la Commune de Saint-Denis

1879

A

NOMS ET PRÉNOMS	SECTION	AGE	DOMICILE
Abadie Jean	1	52	R. de l'Est, 45.
Abadie Louis Marie	1	21	
Abadie Médard-Noël-Delphin	2	31	R. Saint-Jacques.
Abaneau Ernest	1	35	R. du Cimetière.
Abano Casimir-Marabou	2	35	R. Ste-Anne, n° 104.
Abanon Lafleur	1	69	Boulevard Lancastel.
Abard Joseph-Soie	2	35	R. Sainte-Marie.
Abeilard Henry	1	21	
Abeilard Raymond	2	60	R. du Bois de Nèfles.
Abel Désiré-Edouard	2	25	R. de la Boucherie.
Abel Paul	2		C. Ozoux.
Abélard Abel	4	69	Petite-Ile.
Abélard Achille	1	49	R. de l'Est, 35.
Abélard Camille	1	27	Boulevard Lancastel.
Abeylard Alexandre	1	30	Boulevard Lancastel.
Abeylard Ernest	1	27	dito dito
Abrissac Jean-Baptiste	1	21	
Abrissac Maher	2	57	C. Ozoux.
Accot Raymond	1	21	R. Intendance.
Achard François-Etienne	1	37	R. Réunion.
Achard de Saint-Piment Alfred	1	31	dito.
Achat Abel	1	68	R. Compagnie, 78.
Achilin Jean-Marie	2	57	C. Giron.
Achille Paul	2	50	R. Boucherie, 99.
Adam Jean-Martin	1		Brûlé.
Adam Gaspard	1	34	R. Labourdonnais.
Adam de Villiers Luc-Jacques-Marie-Léon-Martin	2	21	R. Conseil.
Adamolle Charles-Joseph	1	56	R. Rontaunay, 47.
Adamolle Charles-Octave	1	29	dito 39.
Adamsa Pierre	2	59	C. Ozoux.
Adélard Emile	2	28	Rue Fénelon
Adélard Théodore	2	36	R. Dauphine.
Adelin Frédéric	2	46	B. Providence.
Adelin Jules	1	40	R. Voltaire.
Adelina Ernest	1	36	R. Labourdonnais.
Adeline Jules	1	35	Route Nationale.
Adeline Paul	2	43	dito dito
Adeline Stanislas	2	44	R. Dauphine.
Adelus Aristide	1	37	R. Rempart.
Adémart Auguste	1	50	C. Ozoux.
Adéone Joseph J.-Baptiste	1	21	
Adéone Julien	2	28	R. de l'Eglise.
Adié Arthur	1	48	R. du Conseil, 10
Adieu Jean-Baptiste	2	25	Route Nationale.
Admont Adolphe	1	51	R. Cimetière, 5.
Adolphe Almasy-Louis-Napoléon	1	21	
Adolphe Charles	1	67	R. du Grand-Chemin.
Adolphe Eugène	2	54	Ruelle Boulo.
Adolphe Ferdinand	4	46	Montagne.
Adolphe François	2	55	C. Ozoux.
Adolphe Gustave	1	48	R. Jacob.
Adolphe Jean-Marie	4	64	Quai Ouest, 66.
Adolphe Jules	2	32	Brûlé.
Adolphe Louis	2	52	R. de la Fontaine, 25.
Adolphe Lucien-Gustave	2	24	R. Jacob.
Adolphe Ulysse	1	21	
Adoly Julien	1	39	R. de l'Eglise.
Adonis Azénor	4	62	Montagne.
Adonis Edouard	1	24	Boulevard Lancastel
Adonis Henri	1	69	Boulevard Lancastel.
Adonis Lesourd	1	65	R. Conseil, 149.

NOMS ET PRÉNOMS	SECTION	AGE	DOMICILE
Adrien Charles	4		Redoute, 23.
Adrien Joseph	1	41	R. Conseil, 22.
Adrien Joseph	2	38	R. Monthion, 48.
Adrien Louis	2	34	R. Bertin.
Adrien Pierre-Joseph	1	30	R. de l'Est, 12.
Advinio Jules	1	37	R. des Sables.
Afer Julien	1	21	
Agapit Henri	2	57	R. Saint-Jacques.
Agaric Edmond	1	53	R. Intendance.
Agatha César	2	41	R. du Bois de Nèfles.
Agathe Félix	2	52	R. Colbert, 17.
Agathe Gaston	1	21	
Agathe Léopold	2	23	C. Ozoux.
Aglibert Charles	3	38	R. des Pluies.
Agon Florentin	3	35	Chaudron.
Aiguillon Alexis	2	63	Brûlé.
Aimé Alfred	1	21	
Aimé Augustin	2	47	R. Sainte-Marie.
Aimé Edouard	3	74	R. des Pluies.
Aladin Alidor	2	87	C. Ozoux.
Alain J.-Baptiste Etienne	1	33	Route Nationale.
Alancau Cipaille Dominique	2	23	C. Giron.
Alarde Edouard	4	42	R. Boulangerie, 70.
Alaric Pierre	3	54	Sainte-Clotilde.
Alba Médar	3	57	Bois de Nèfles.
Albani Augustin	3	29	R. des Pluies.
Albani Montrose	4		Redoute, 17.
Albaret Alexis	4	79	Petite-Ile.
Albaret Julien	2	25	R. du Grand-Chemin.
Albert Amédée	1	28	R. de l'Eglise, 8.
Albert Henri	1	61	R. du Grand-Chemin.
Albert Jules	2	38	R. Bertin.
Albert Julie	3	34	Chaudron.
Albert Louis	1	30	R. de l'Est.
Albert Louis-Antoine	1	43	R. du Conseil.
Albert Pierre	3	57	Chaudron.
Albert Pierre-Louis	2	24	R. Dauphine.
Alberty Alcipe	1	22	Boulevard Lancastel
Alberty Charles	1	45	R. Labourdonnais.
Alberty Eugène	2	58	Ruelle Pavée.
Alberty Louis	2	26	dito.
Albinien Charles	4	58	R. Boulangerie.
Alcibiade Charles	3	35	Patates à Durand.
Alcindor Julien	4	24	Montagne.
Alcion Emile	3	53	Chaudron.
Alcion Kan	2	58	C. Ozoux.
Alcoran Arthur	2	55	R. de l'Eglise.
Alef Charles	4	34	Quai Est
Alef Paul	4	26	dito
Alessandri Charles	1	49	R. d'Assas, 14.
Alexandre Jules	1		R. Réunion.
Alexis Alfred	4	28	Rue de la Boulangerie
Alexis Cafre	4	79	Petit-Ile
Alexis Ernest	2	29	R. St-Denis, 67.
Alexis Jean-Baptiste	1	24	R. Réunion.
Alexis Joseph	1	63	Route Nationale.
Alexis Paul	3	28	Rivière des Pluies.
Alexis Pierre	3	39	Patates à Durand.
Alexis Thomy	2	54	R. Mazagran.
Alféry Alphonse	4	51	dito
Alfred Amédée	1	31	R. de l'Eglise.
Alfred Apollon	1	34	R. Barachois.
Alfred Pierre-Achille	1	49	R. de l'Est.
Ali Jules	1	54	Boulevard Lancastel.

Alidor Eugène	2	69	R. Montreuil, 9.
Alidor Félix	2	56	R. St-Jacques.
Alidor Frédéric	2	44	C. Ozoux.
Alidor Jean Baptiste	1	41	Route Nationale.
Alidor Joseph	1	52	R. La Boucherie, 77.
Alidor Joseph dit Laboisson	4	59	Montagne.
Alidor Louis	2	41	R. Mazagran.
Alidor Pierre	2	74	R. Fénelon.
Aline Joseph	2	33	C. Ozoux.
Alizard Alfred	2	54	Plaine Reydellet.
Alizard Eugène-Ernest	3	25	Patates à Durand.
Alizard Léopold	3	51	Patates à Durand
Alizée Alidor	2	60	Brûlé.
Alizée Alidor-Edouard	1	41	R. Moulin à Vent, 20.
Alizée Emile	2	29	R. Fénelon.
Alizée Edouard	2	54	C. Ozoux.
Alizée Jean-Baptiste-Azénor	1	47	R. Grand-Chemin.
Allain Joseph-Conradin	2	29	R. de la Fontaine.
Allain Armand-Edouard-Camille	2	29	R. de la Fontaine, col. St-Charles.
Allin Etienne	4	35	Montagne.
Alliot Joseph Vaillant	1	32	Rue de la Batterie
Alliot Léon	2	24	Brûlé
Alliou Jules-Joseph	1	21	
Allonge Charles	3	62	Rivière des Pluies.
Allonge François	2	64	R. Ste-Marie.
Alma Amédée	2	26	Brûlé.
Alphonse Antoine-Eugène-Lazare	2	34	R. Monthyon, 67.
Alphonse Charles	1	41	R. Réunion, 110.
Alphonse Ernest	3	39	Patates à Durand.
Alphonse Louis	4	73	Montagne.
Alphonse Modeste	2	67	C. Ozoux.
Alphonse Pierre	3	41	Ste-Clotide.
Alphonse Thomy	2	32	C. Ozoux.
Alphonsine Dominique	2	79	St-François.
Alquier Jean	2	45	R. Ste-Marie.
Altamar Furcy	1	21	
Altemer Emile-Jules	1	30	R. St-Joseph, 13.
Alvarède Charles	1	54	Boulevard Lancastel.
Alvarède Joseph	1	21	
Alvinzy Romain	2	30	R. Ste-Anne, 32.
Amable Edouard	2	43	R. des Limites 44.
Amadis Maury	3	67	Rivière des Pluies.
Amagne Paul	2	66	C. Ozoux.
Amaranthe Antoine	1	39	Route Nationale.
Amaranthe Eugène	1	23	R. Grand-Chemin.
Amaranthe Paul	2	37	R. Monthyon.
Amaridon Auguste	2	72	Brûlé.
Amat Allain	2	68	R. de la Source.
Amat Léopold	1	32	R. du Barachois, 66.
Ambroise Jean-Baptiste	2	97	C. Ozoux.
Ambroise Jean-Baptiste	2	39	C. Ozoux.
Ambroise Prosper	3	69	Rivière des Pluies.
Amédée Baptiste Constant	1	21	
Amédée Ernest-Eugène-Antonin	1	21	
Amédée Joseph	1	28	R. Laferrière.
Amédée Julien	2	47	C. Ozoux.
Amélia Georges Aristide	1	21	
Amelin Charles Alfred	1	52	R. Embarcadère
Amelin Ernest	2	48	R. Dauphine.
Amelin Eugène	4		Atelier colonial.
Amery Prosper	3	36	Ste-Clotilde.
Amesalé Joseph	1	44	Boulevard Lancastel.
Amien Emile	1	26	R. Réunion, 104.
Amo Julien	2	56	C. Ozoux.
Amonge François	1	61	R. Réunion, 114.
Amot Adolphe	2	52	R. Ste-Marie.
Amot Camille	1	45	Route Nationale.
Amoyat Augustave	3	52	Rivière des Pluies.
Amoyat Augustave Joseph	3	25	Rivière des Pluies.
Amoyat Augustave Louis	3	27	d°
Amoyat Chéry	3	86	d°
Amoyat François	3	35	d°
Ana Héliodore	1	42	R. Labourdonnais.
Anacréon Zacharie	1	34	Boulevard Lancastel.
Anatole Louis	3	29	Patates à Durand.
Ancelle Augustin	3	29	R. de l'Eglise.
Ancelle Armand	2	55	R. Mazagran.
Ancelli Auguste-Nicos	1	36	
Andiquile André	3	42	R. Bois de Nèfles.
Andise Charles	4	74	Montagne.
Andoche André	2	64	R. Dauphine.
Andoche Hilaire	1	41	Route Nationale.
Andoche Jacques	4	59	Montagne.
Andoche Joseph	3	44	Ste Clotilde.
Andraise Edouard			
André Albert	1	34	B. Lancastel, 24.
André Alcide	1	31	Rte Nationale.
André Fantaisie	3	60	Chaudron.
André Furcy	3	57	R. des Pluies.
André Gabriel	1	25	R. Nationale.
André Jules	2	29	R. de Lafontaine, 72.
André Jules	1	53	R. Barachois.
André Pierre	1	44	R. St-Joseph.
Andrigny Landry	2	75	C. Ozoux.
Anet Emile	2	67	R. B. de Nèfles.
Ange Rodolphe	2		R. G.-Chemin, 38.
Angelin Gabriel	2	30	R. St-Joseph.
Angleterre Alphonse	3	31	Rivière des Pluies.
Angoulon Henri	1	66	
Anicet Firmin	1	43	R. Rontaunay.
Anicet François	1	34	R. Compagnie, 6.
Anicette Sylvain	1	70	R. Rempart, 28.
Anisette Gabriel	3	40	Sainte-Clotilde.
Anzura Alphonse	1	39	Rte Nationale, 151.
Anna Furcy	2	47	C. Ozoux.
Anna Pierre	1	39	R. Barachois.
Anna Théodore	2	51	R. Arsenal.
Annay Etienne	2	59	R. Montreuil, 11.
Annette Julien	1	24	Rte Nationale, 441.
Annette Louis-Ernest	1	23	Rte Nationale, 165.
Annibal Guignol	1	100	R. Compagnie, 148
Annibal Hippolyte	2	44	C. Ozoux.
Annibal Louis	3	44	Patates à Durand.
Anon Louis Joseph	1	21	
Anquetil André	3	34	Patates à Durand.
Anquetil Charlot	3	61	Patates à Durand.
Anténor Joseph	1	37	Boul. Lancastel, 20.
Anténor Marie-Joseph	2	66	R. de la Source.
Anthias Félix	2		R. St-Joseph, 101.
Antique François	4	37	Montagne.
Antoine (Inspecteur de l'Instruction publique)	2		R. Ste-Marie.
Antoine Alexis	2	64	Rte Nationale, 264.
Antoine Alfred	1	21	
Antoine Alidor	1	21	
Antoine Auguste	3	75	Sainte-Clotilde.
Antoine Charles dit Cardinal	2	40	R. Ruisseau des Noirs
Antoine François	2	36	R. Bois de Nèfles.
Antoine Gustave	4	41	R. de la Boulangerie.
Antoine Henri	1	28	R. de la Batterie.
Antoine Jean-Baptiste dit Dédel	4	37	Petite-Ile.
Antoine Jules	3	47	Chaudron.
Antoine Jules	2	44	R. Reydellet.
Antoine Jules	1	21	
Antoine Pierre	2	54	C. Ozoux.
Antoine Pierre	3	28	Chaudron.
Antoine Simon	2	39	R. Ruisseau des Noirs
Antoinette André	2	52	St-François.

Antoinette Pierre dit Dolphin	2	39	R. Magalon.
Antonio Joseph	2	67	C. Ozoux.
Any Philogène	1	40	R. St-Joseph.
Appollinaire Paulin	3	51	Chaudron.
Arago Félix	2	82	R. Suffren.
Araux Anselme	2	57	R. Mazagran.
Araux Jean-Baptiste	2	22	Pont Neuf
Arca Louis-Fortuné	1	29	R. de la Réunion, 109
Archambault Aristide	1	45	R. de l'Eglise.
Archigal Marcely	2	46	C. Ozoux.
Arcos Oscar	1	25	Boulevard Lancastel.
Arginthe Jean Jules	2	28	R. Bouvet, 31.
Argon Pompée	3	77	Chaudron.
Argus Jean-Baptiste	4	38	R. de la Boulangerie.
Aribe Lindor	2	64	C. Ozoux.
Aricie Ernest	1	34	R. de l'Est, 9.
Arich Etienne	3	52	Rivière des Pluies.
Aricole Joseph	1	22	R. du Conseil.
Arifont Aza	2	59	R. de Lafontaine, 93.
Aripe Pierre	2	57	Brûlé.
Aristhènes Eugène	1	27	Rue Labourdonnais
Aristide François	2	34	C. Ozoux.
Aristide Joseph	2	30	R. Dauphine.
Arlanda Aristide	2	32	C. Ozoux.
Arlanda Fortuné Jean-Baptiste	2	42	C. Ozoux.
Arlanda Léon François	2	28	R. Liancourt.
Arlanda Richard	2	38	C. Ozoux.
Arlanda Toussaint J.-Baptiste François	2	27	R. Liancourt.
Arleville Séverin	2	64	C. Ozoux.
Armand Adrien	1	45	Boulevard Lancastel.
Armand Eugène	2	51	Lataniers.
Armand Joseph	2	63	C. Ozoux.
Armand Jean-Baptiste	2	38	Brûlé.
Armanet Auguste	1	43	R. la Réunion, 106.
Armanet Furcy Augustin	1	22	R. la Réunion, 106.
Armanet Jean-Baptiste Constantin	2	38	R. St-Denis, 56.
Armanville Aristide	2	53	R. Mazagran.
Armanville Jean-Edouard	2	28	R. Ruisseau des Noirs
Armel Ernest	2	36	R. Fénelon.
Armel Héliodore	1	21	
Armel Jacques	1	32	Ruelle du Théâtre, 25
Armet Henri	4	34	Petite-Ile
Armet Henri	2	42	Camp Ozoux
Armide Charles	2	45	R. de Paris
Armide Charlot	1	40	R. St Joseph, 32.
Armide Charly	1	38	d° d° 32.
Armide Ernest	1	24	Rue St Joseph.
Armide Jules	1	26	d° d° 32.
Arminac François	3	38	Chaudron.
Armoit Arnold	1	42	R. de Paris.
Armoit Auguste	2	42	Brûlé.
Armoit Chery	3	82	Rivière des Pluies.
Armoit Dupuis	3	37	Rivière des Pluies.
Armoit Elie	3	31	Chaudron.
Armoit Ernest	2	36	R. Monthion, 42.
Armoit François Gustave	3	32	Rivière des Pluies.
Armoit Gustave	3	63	d°
Armoit Louis	3	30	d°
Armoit Jacques	3	53	d°
Armoit Jean-Baptiste	2	36	Saint-François.
Arnal Félix	1	39	R. du G.-Chemin, 131
Arnaud Auguste	4	32	Montagne.
Arnold François	3	44	Rivière des Pluies.
Arnold Louis	1	29	R. de la Réunion, 79.
Arnould Arloir	2	26	R. Monthion.
Arnould Edmond	2	32	R. Liancourt, 10.
Arnould Henri-Jn-Baptiste	2	29	R. Monthion.
Arnould Jean-Baptiste Augustin	2	56	d°
Arnould Léopold-Charles	2	27	Rue Monthion.
Arnoux Désiré	1	46	R. de la Boucherie.
Arnoux Joseph-Charles-Eugène	2	42	R. Sainte-Anne.
Aroncière Alexandre	2	69	Saint-Jacques.
Arondeau Créole	3	64	Chaudron.
Arpège Zélidor	2	39	R. Monthion, 15.
Arpon Alphonse	1	33	R. de la Réunion.
Arros Jean-Baptiste	2		R. de la Fontaine.
Arsélie Charles	2	31	R. Dauphine.
Artamon Aristide	2	47	R. de Paris, 117.
Artaud Pierre-Louis	4	62	Montagne.
Artenice Julien	2	26	Lataniers.
Arténice Lazare	3	88	Patates à Durand.
Arthur Edouard Gabriel	1	21	
Arthur Henry	2	59	R. de la Source.
Arthur Jean-Baptiste	1	29	R. de l'Eglise.
Arthur Joseph-Ernest-Louis-Henry	1	21	
Arthur Julien	2	29	R. Jacob, 4.
Arthur Léon fils	1	29	R. du Conseil, 40.
Arthur Louis	4	26	Rue de la Boulangerie
Arthur Louis-Henry	2	56	Rue Dauphine, 176
Arthur Paul	4	83	Quai Ouest.
Arthur Stanislas	3	29	Chaudron.
Arzale Jules	4	35	Montagne.
Asse Hippolyte	1	49	R. du Conseil, 14.
Astugue Marie-Auguste-Tiburce	1	21	
Atafa Fantaisie	2	64	Camp Ozoux.
Athénas François	2	58	R. Saint-Joseph, 130.
Athénas Louis	1	30	R. du Conseil.
Athis Joseph	1	58	R. de la Réunion.
Athis Saint-Ange	1	72	R. du Barachois, 95.
Atiste Emile	3	29	Sainte-Clotilde.
Atoclide Pierre-Laurent	1	21	
Atrée Léopold-Pipa	2	43	Route Nationale, 360.
Atrey Adolphe	1	45	R. de l'Embarcadère.
Attache Alphonse	2	55	Camp-Giron.
Attale Alexandre	2	34	R. Malartic.
Attiana Jean-Baptiste	1	21	
Attis Ernest	2	38	R. la Fontaine.
Aubel d'Abbleville	2	22	R. Poivre.
Aubert Paul	2	21	Au Lycée.
Aubin Félix	2	66	Au Brûlé.
Aubinais Charles-François-Alcide	1	35	R. du Barachois, 71.
Aubinais Frédéric	1	22	R. du Barachois, 71.
Aubinais Marie-Julien-Alphonse	1	21	
Aubinais Pierre-René-Charles	1	57	R. du Barachois, 71.
Aubry Novembre	4	58	Montagne.
Aubry Victor	3	48	Bois-de-Nèfles.
Aucourt Sylvain	2	79	Brûlé.
Audebert Jean	2	28	R. Saint-Denis.
Audibert Guillaume	4	60	Montagne.
Audifax Gilbert	2	40	R. Dauphine, 111.
Audry Marcelin	3		Sainte-Clotilde.
Auger Célestin	3	76	Chaudron.
Auger Thomy	2	39	Camp-Ozoux.
Auguenet Velle	2	60	Brûlé.
Augustave Edouard	1	40	R. de la Compagnie, 68
Augustave Frédéric	2	32	R. Bouvet.
Augustave Joseph	1	21	
Auguste Adrien	1	41	Boulevard Lancastel.
Auguste André	4	41	R. du Pont, 6.
Auguste Antoine	2	42	R. Bouvet.
Auguste Arguste-Auguste	1	21	
Auguste Léon	1	30	R. de Labourdonnais.
Auguste Paul-Louis	4	35	Impasse du Pont, 6.
Auguste Pierre-Louis	2	60	Brûlé.
Augustin Adolphe	4	48	Montagne.

Augustin André	1	37	R. Labourdonnais, 51.	Aymar Sosthènes	2	61	R. du Bois de Nèfles.
Augustin Emile	4	44	Montagne.	Ayou Joseph	1	43	R. du Conseil, 24.
Augustin Joseph	2	27	R. Ste-Marie.	Aza Pierre-Jacques	1	53	Route Nationale.
Augustin Joseph	2	75	Brûlé.	Azélie Cornély	2	22	R. du G-Chemin, 28.
Augustin Jules-Médar	1	21		Azélie Florian	1	21	
Augustin Julien	2	53	Lataniers.	Azéma François-Etienne	2	37	R. Mazagran.
Aurieng Joseph	2	26	R. Mazagran.	Azéma Mazaé Jean-Pierre	1	55	R. de la Réunion, 4.
Aurillac Pierre	4	66	Montagne.	Azénor Adolphe	3	36	Rivière des Pluies.
Aurisse Albert	2	39	R. Saint-Denis.	Azénor François	1	28	R. de Paris, 75.
Aurisse Jules	2	30	R. la Fontaine.	Azénor Jean-Baptiste	1	57	R. du Grand-Chemin.
Aurolle Pierre, dit Ruban	2	27	C. Giron.	Azénor Jules	1	64	R. de la Boucherie.
Auzone Pierre-Jean-Marie	1	21		Azénor Julien	2	30	R. Sainte-Marie, 185.
Auzonne Toussaint	2	44	R. de la Source.	Azénor Paul	3	57	Rivière des Pluies.
Avenel Joseph	1	21		Azolant Vaisseau	2	59	R. du R. des Noirs.
Aviron Ernest Néol	3	30	Chaudron.	Azoline Paul-François	1	21	
Aviron André	2	23	Brûlé.	Azor Jean-Baptiste	2	48	Camp Ozoux.
Aviron Jean-Baptiste Hen-				Azor Louis	1	46	
ri Julien	1	21		Azor Pierre, dit Bonnet	1	64	
Avirragnet Adolphe	3	57	Bois-de-Nèfles.				

B

Baatard Henry-Alphonse	1	21		Barbatien Eugène-Valeur	4	22	Petite-Ile.
Baatard Louis-Henri	1	21		Barbatien Luc-Valeur	4	30	d°
Baba Ernest	2	29	Lataniers.	Barbe Daniel fils	3	48	Chaudron.
Baba Victor	4	37	Petite-Ile.	Barbe Furcy	2	64	R. St-Denis, 29.
Babillon Anténor	2	70	C. Ozoux.	Barbier Julien	1	33	R. des Sables.
Babin Louis-Marie	2	52	R. St-Bernard, 20.	Bardière Paul	1	36	R. du Four à chaux, 19.
Babion Elie	1	60	R. Grand-Chemin.	Bardine Paul	2	56	R. Dauphine.
Babon Alfred	1	59	d°	Bardinon Louis-Léonard	2	29	Brûlé.
Babou Joseph	1	34	R. de Paris.	Bareau Joseph	3	42	Chaudron.
Bache François	4	52	Montagne.	Barilier Romain	1	42	R. Rontaunay.
Bache Léon	1	74	R. Barachois.	Barin Anatole	3	47	Rivière des Pluies
Bache Lucien	4	28	Montagne.	Barnay Azor	2	59	Lataniers.
Bachel Louis	1	29	R. des Limites.	Barnesse Antony	4	27	R. Petite-Ile.
Bachelier Amédée	1	36	R. de l'Est.	Barnet Charly	1	44	Boulevard Lancastel.
Bachelier Augustave	3	24	Bois de Nèfles.	Barrois Pierre	1	49	R. de l'Eglise, 48.
Bachelier Eugène	3	24	d° d°	Baron Joseph	3	42	Bois de Nèfles.
Bachelier Garçon	2	71	C. Ozoux.	Barrabit Ernest	1	48	R. du Barachois, 7.
Bachelier Louis	3	48	Bois de Nèfles.	Barras Zéphir	2	59	Brûlé.
Bachelier Wilbrod	2	38	St-François.	Barrat Guillaume	2	23	R. St-Jacques.
Bâcle Pierre-François	2	63	R. St-Denis.	Barre Claude-Philippe	1	49	R. St-Joseph, 53.
Baclo Alphonse-Louis	1	21		Barré Thomas	2	35	R. Dauphine.
Badine Joseph Julien	3	23	Ste-Clotilde.	Barret Ernest	2	31	R. de Lafontaine
Badou Charles-Augustin	3	46	Rivière des Pluies.	Barris Jean	2	38	R. St-Joseph.
Baillet Guillaume-Ch. Eug.	1	21		Barry François	2	45	Brûlé.
Baillon Arthur, dit Tryme	2	41	R. Rempart, 33.	Bart Emile-Rimana	2	23	Camp-Ozoux.
Bailly Gaston	1	37	R. du Gd Chemin 49.	Bart Jean	2	44	R. Bertin.
Bailly Henry	2	32	R. St-Denis.	Barthélemy Augustin	2	53	R. Monthion.
Baimé Aristide	1	21		Barthol Emile	1		Hôpital Militaire.
Baker Louis-Marie	2	45	C. Ozoux.	Bassas Edouard-Joseph	1	21	
Ballasla Paulin	4	55	Montagne.	Bassignol Ben	2	54	Camp-Jacquot.
Ballot Cyprien	2	63	C. Ozoux.	Bassignot Théodore	2	45	R. Sainte-Marie, 36.
Ballot-Pierre-Emile	2	37	d°	Bastide Félix	1	37	R. de l'Eglise, 27.
Balmoze Eugène	4	27	Rue du Pont	Bat Pierre	3		Chaudron.
Balon Frédéric	3	44	Patates à Durand.	Batharet Jean-Pierre	3	68	Chaudron.
Bamelin Chéry	2	64	Boulevard Doret.	Battau Pierre-Rusely	1	21	
Banganon Fantaise	2	58	R. Ruisseau des Noirs	Batteau Joseph	2	31	R. Amédée Bédier.
Banor Philogène	2	29	R. Ste-Anne.	Batteau Narcisse	3	75	Rivière des Pluies.
Baptiste Antoine	1	21		Batterie Joson	1	54	
Baptistia Azénor	2	53	R. Joseph Hubert.	Baulès Jean	1	44	R. de Paris.
Baptistia Joseph-Azénor	2	27	d° d°	Baumatha Emile	1	39	R. de la Comp. 126
Barac Pétion	3	54	Chaudron.	Baumevielle Eugène	2	50	R. du G-Chemin, 62.
Barateau Louis	1	26	R. Labourdonnais	Baumevielle Eugène-Ar-			
Barau Alcide	2	37	R. St-Joseph, 145.	thur	2	28	d° d°
Barau Armand	2	47	R. Ste-Anne, 38.	Baumevielle Léopold	1	42	R. du Barachois.
Barau père	2	76	St-François.	Beauregard Paulin	2	30	Ruelle Sainte-Marie.

Bavarois Noël	4	46	Montagne.
Bavarois Noël	1	21	
Bayette Pierre-Jean	1	31	R. de Paris.
Bayonnette Danois	3		Sainte-Clotilde.
Bayonnette Hédouin	3	77	d°
Bayze Pierre	2	28	R. Saint-Philippe.
Bazélian	2	73	Saint-Jacques.
Bazile Emile	2	48	Route Nationale.
Bazile Jean-Baptiste	2	30	Lataniers.
Bazile Pierre-Jean	2	41	R. Sainte-Anne.
Bazile St-Ange	2	37	R. de l'Arsenal, 128.
Bazile Sylvestre	1	31	R. de la Réunion, 110
Bazin Ernest	2	31	R. Sainte-Marie.
Bazon Toussaint	1		R. Saint Joseph.
Beaugendre Louis-Denis	2	50	R. Sainte-Anne, 62.
Beauharnais Eugène	2	63	R. Voltaire, 31
Beauredon Joseph	2	35	R. de Paris.
Beauséjour Calixte	4	27	R. de la Boulangerie.
Beauvais Camille	4	38	R. de la Boulang. 22
Beauvais Caleb	4	34	Petite-Ile.
Beauvais Pierre	1	52	R. du Rempart, 26.
Beauvillain Alexandre	2	64	R. Sainte Anne, 136.
Beauvillain Charles	2	42	R. Bertin, 44.
Beauvillain Chéry de Montreuil	1	70	R. de la Réunion, 15
Béchenec Hippolyte	1	63	R. de-l'Est, 69
Bède Pierre-Louis	1	66	Ruelle Cimetière.
Bédier Achille	2	43	R. Amédée Bédier, 1
Bédier Achille Dunois	2	45	R. Dauphine.
Bédier de Beauverger Alfred	2	37	R Sainte Anne, 62.
Bédier Dubédiès Joseph	1	57	R. d'Assas.
Bédier Ernest	2	42	R. Dauphine, 112.
Bédier Fournier Dubézier	4	58	R. de la Boulangerie.
Bédier Gabriel	2	54	R. Suffren, 14.
Bédier Henri	2	50	R. du Ruisseau-des-N.
Bédier Jules	2	50	R. Lafontaine, 43.
Bedfort Adistry	4	45	Petite-Ile.
Bègue Antoine	1	52	R. du Gd-Chemin, 65
Bègue Jules	1	39	R. St Joseph.
Bègue Pierre	2	44	Camp-Ozoux.
Bégué Henri-Ed.-Dumesgnil	2	26	R. Bertin.
Béguin Albin-Paul	1	21	
Béguin Eugène	1	21	R. de la Réunion, 111.
Béguin Joseph	1		R. de Paris.
Béguin Honoré	3	43	Chaudron.
Béguin Michel	1	21	
Béguin Pierre-Haldère	3	29	Chaudron.
Bégury Jean	1	41	R. du Rempart.
Bel Louis	2	39	Camp-Jacquot.
Bélair Jules	4	27	Montagne.
Bélaire Valère	4	64	Montagne.
Bélanger Louis-Théodore	4	21	R. de la Boulangerie.
Bell Georges	2	21	R. du Ruisseau des Noirs.
Bellanger Jean-Baptiste	4	51	Rue de la Digue.
Bellanger Joseph	1	47	R. du Conseil.
Belleau Félix	3	58	Sainte-Clotilde.
Belleville Marcelin	2	39	Camp-Ozoux.
Belleville Oscar	2	54	R. Amédée Bédier.
Belleville Oscar fils	2	29	d°
Bellevue Aristide	2	52	R. Sainte-Anne, 32.
Bellevue Pierre	2	52	R. Saint-Jacques.
Bellier Xavier	2	57	R. Saint-Denis, 4.
Bellier de Villentroy Alfred	2	43	R. de l'Arsenal, 2.
Bellier de Villentroy Pierre Antoine	1	78	R. de Paris, 65.
Bellocy Jean-Jacques	1	21	
Belmont Gustave	1	45	Camp-Géner.
Belmont Louis	2	31	R. Bouvet.
Bélon Etienne	1	21	
Bélon Etienne-Louis	2	30	Providence.
Bélon Louis	2	26	d°
Belval Joseph	3	37	Rivière des Pluies.
Bémol Pierre	2	79	Brûlé.
Bénard Jules	2	25	R. de la Source, 11.
Bénard Louis-Eugène	2	28	R. de Lafontaine.
Bénard Théodore	1	22	Rue du Barachois
Béneval Joseph	1	21	
Béneval Jean-Baptiste	3	54	Chaudron.
Bénisot Julien	2	31	Brûlé.
Benjamin Frédéric	3	38	Rivière des Pluies.
Benjamin Louis	2	41	R. du Butor.
Benjamin Philogène	2	41	Au Lycée.
Benjamin Pierre	2	74	R. Saint-Jacques.
Benoit Alfred	1	23	R. du Rempart.
Benoit Ptonémy	4	39	R. de la Boulangerie, 30.
Bénonie Antony	1	30	R. du Barachois.
Benville Pélage	3	33	Rivière des Pluies.
Béraud Amédée	2	33	R. Malartic.
Béraud Joson	2	40	d°
Béraud Marie-Edouard	2	28	d°
Béraud Marie-Gaston	2	23	d°
Béraud Théodore	2	29	d°
Bercy Placide	2	68	Camp-Ozoux.
Bercy Placide fils	2	29	Camp-Ozoux.
Bérel Edouard	4	27	R. de la Boulangerie
Bérel Ernest	4	34	R. de la Boulangerie.
Bérel Joseph	4	22	dito
Bérel Louis	4	31	R. du Pont.
Béret Evariste	4	29	R. de la Digue
Berfour Machabée	2	59	Brûlé.
Bergerat Célestin	3	49	Rivière des Pluies.
Bergin Louis-Marie	1	44	R. de l'Est, 75.
Berjola Alfred	4	21	Petite-Ile.
Berlin Delaissère	4	53	Montagne.
Berlin Frédéric	2	66	R. du Ruisseau-des-Noirs.
Bernard Alfred	2	29	R. Montreuil.
Bernard Charles	3	49	Sainte-Clotilde.
Bernard Dutoya	1	47	R. Saint-Josph.
Bernard Jean-Baptiste	1	42	R. du Barachois.
Bernard Louis	1	45	R. des Limites, 6.
Bernard Louis	2	74	Lataniers.
Bernard Michel	2	31	R. La Fontaine.
Bernard Narcisse	2	58	R. Amédée Bédier.
Berne Régis	1	52	R. de la Compagnie
Bernot Albert	2	33	R. Montreuil.
Bernot Michel	1	40	R. Gd.-Chemin, 51.
Bernoux Alfred	1	33	R. du Cimetière.
Berquin Saint-Rieul	1	28	R. de la Batterie.
Berrer Léopold	4	29	R. Boulangerie, 116.
Bert Alfred-Louis-Antoine	2	50	R. de Paris.
Bertal Martin	3	49	Sainte-Clotilde.
Berthault Camille	2	31	R. Fénelon, 6.
Berthault Joachim	1	39	R. de Labourdonnais.
Berthemé Duchesne	1	53	R. du Barachois.
Berthil Frédéric	2	55	R. Ste-Anne, 32.
Bertho Joseph	2	22	Rue Sainte-Anne
Bertho Julien	4	45	Montagne.
Bertho Zacharie	2	59	R. Ste-Anne, 49.
Berthol Ernest	1	36	R. Rontaunay.
Bertin François-Théodore-Tristan	2	23	R. Voltaire.
Bertrand (pêcheur)	4		Quai Est, 11.
Bertrand Alexis	2	74	R. Magalon.
Bertrand Alexis-Joseph	2	26	d°
Bertrand Joseph	1	30	R. Moulin à Vent.
Bertrand Léon	4	38	Montagne.
Bertrand Louis-Marie-Fantaisie	2	65	R. de la Source.
Besnard François	1		R. de Paris.
Betsy Alfred	2	30	R. Saint-Joseph, 173.

Betsy Julien	2	21	R. Parny.
Beurard Justin	2	28	R. Ste-Marie, 107.
Bey Emile	1	21	
Bezeaux Dauphin	1		R. Saint-Joseph.
Biarrote Vincent-Paul-Aug. Eug.	1	21	
Bias Bazile	1	61	Route Nationale.
Biberon Léonel	2	40	Pont Doret.
Bicarnin Joseph	2	34	R. Saint-Philippe, 3.
Bichet Paul	2	71	R. du Bois de Nèfles.
Bidache Pierre	1	68	R. Saint-Joseph.
Bidault Emile	1	46	R. de la Compagnie.
Bidois Derozin	3	60	Rivière des Pluies.
Bidois Emile	3		d°
Bienvenu Jean-Baptiste	2	26	Brûlé.
Bienvenu Pierre	4	67	Montagne.
Bignon Théodore	2	43	R. Liancourt.
Bilbao, dit Louques Volcy	2	29	R. Ste-Anne, 78.
Bilbas Bernard	1	21	
Binaison Julien	2	29	Brûlé.
Binan Ferdinand	1	24	R. du Conseil.
Bingly Didon	2	64	R. Arsenal.
Binyat Henri	3	54	Rivière des Pluies.
Biraud Jules-Armand	1	21	
Biron Jean-Baptiste	1	53	R. Compagnie.
Biron Auguste	2	44	R. Bertin.
Bis Jean	2	39	R. Dauphine.
Bisantin Théodore	2	57	R. Voltaire.
Bizaque Eugène	1	69	R. du Rempart.
Bizos Alexis-Léon	1	55	R. du Barachois.
Blanc Michel-J. Léon	1	21	
Blanc Louis	2	73	C. Ozoux.
Blanier Didier	3	67	Rivière des Pluies.
Blanpain Antoine-Emile	2	45	R. Saint-Denis.
Blay Albert-Lucien	2	22	R. Lafontaine, 7.
Blay Alphonse	2	50	R. Conseil, 51.
Blay André Benjamin	2	60	R. Lafontaine, 7.
Blay André fils	1	29	R. de l'Eglise.
Blay Julien	2	24	R. Lafontaine, 7.
Blégout Jean-Baptiste	3	44	Bois de Nèfles.
Blévert Louis	2	45	R. Jacob.
Blévert Valery	1	25	R. de Paris.
Blinville Bernard	3	61	Chaudron.
Blinville Bémy	3	22	Chaudron.
Blot Arsène	1	38	R. Réunion.
Blot Fernand-Alexandre	1	21	R. du Grand-Chemin.
Bocage Jean	4	63	Redoute.
Bocard Fanchin	1	54	Route Nationale, 357.
Bocard Ernest	2	49	R. Dauphine.
Bocquée Julien-Alexandre	2	22	R. Sainte Anne, 75.
Bocquet Paul	2	35	R. Sainte-Marie.
Bocquin Auguste	2	43	R. Ste-Marie, 146.
Bodar Charles	1	51	R. des Limites.
Bodée Ferdinand	2	30	R. St-Denis.
Boila Gustave	2	49	St-François.
Boisadam Malo	1	43	R. du Four-à-Chaux.
Boisblanc Paul	2	62	R. St-Bernard.
Boisbrun Auguste	2	40	C. Ozoux.
Boisdu Aza	3	59	Patates-à-Durand.
Boison Eugène	2	53	R. Parny.
Boissel François	3	59	Chaudron.
Boitié Victor	2	71	Brûlé.
Boitier Charles	4	47	Impasse du Pont, 15.
Boivilliers (de) Amédée	2	32	R. du Grand-Chemin.
Bolorame Jean-Baptiste	4	27	Petite-Ile.
Bomard Léopold	1	31	R. de la Compagnie.
Bombras Charles	2	51	C. Ozoux.
Bon François	1	33	R. de la Réunion, 94.
Bon Joseph-Etienne	2	47	Au Lycée.
Bonamour Auguste	4	43	R. Rempart, 13.
Bonatout Alidor	4	62	Montagne.
Bonavel Jean-Baptiste	2	61	R. Ste-Marie, 40.
Bonavel Jean-Baptiste	1	21	
Boncœur Victor	1	74	Boulevard Lancastel.
Bondal Achille	1	46	R. Barachois.
Bonhomme Albert	4	28	Impasse du Pont.
Bonhomme Alexandre	4	41	d°
Bonhomme Camille	4	45	d°
Bonhomme Edouard	4	43	d°
Bonhomme Jean	4	59	d°
Bonhomme Louis-Camille	2	33	R. Ste-Anne, 32.
Bonhommède Louis-Marie	2	62	C. Ozoux.
Boniface Ignace	4	73	Montagne.
Bonnardel Arthur	1	60	R. Labourdonnais.
Bonne Crescent	1	39	R. de la Réunion.
Bonne Joseph	3		Rivière des Pluies.
Bonneau Albert	4	27	Rivière.
Bonneau Alfred	2	30	R. Bertin.
Bonneau Alphonse	2	68	d°
Bonneau Auguste	1	64	R. des Limites.
Bonneau Louis	2	74	Brûlé.
Bonneau Octave	2	30	C. Ozoux.
Bonnefond Léonard	2	53	R. de Paris.
Bonnel Louis-Alexis	1	21	
Bonnemain Barnabé	2	57	B. de la Source.
Bonnemil Joseph	4	26	Montagne.
Bonnet Alphonse	2	49	R. Sainte-Marie.
Bonnet Frontin	3	72	Chaudron.
Bonnet Jean-Justin	2	59	R. du Barachois, 88.
Bonnet Pierre-Bernard dit Paul	2	35	R. de la Boucherie, 157
Bonneville Jules	1	39	R. de la Compagnie.
Bonni Frédéric	2	50	R. Dauphine.
Bonno Jean	4	72	Montagne.
Bonno Pierre	1	30	R. Nationale.
Bonpré Marie-Jules	3	88	Chaudron.
Bonroi Alexandre	2	42	R. Dauphine.
Booz Augustin fils	2	23	C. Ozoux.
Booz Augustin	2	56	R. Bertin.
Borcar Charles	2	25	C. Ozoux.
Borda Charles	1	46	Route Nationale.
Bordia Isidore	2	64	R. Dauphine, 156.
Borel Gustave	2	74	Brûlé.
Borel Joseph	2		R. Monthion, 17.
Borga Paulin	2	30	R. Ste-Marie, 7.
Borgia Joseph	2	38	R. Ste-Marie, 31.
Bosquet Adolphe	2	33	R. Joseph-Hubert, 16
Bosquet Joseph	2	21	d°
Bosquet Jules	2	38	R. Ste-Marie.
Bosquet Pierre	2	68	R. Joseph-Hubert, 16
Bosse Jacques-Monchéry	1	48	R. Labourdonnais.
Bosse Léopold	2	24	Rue Lafontaine
Botard Alexandre	2	48	R. Monthion.
Bouchedor Saint-Jean père	2	62	C. Ozoux.
Bouchedor Saint-Jean-Prudent	1	27	R. de l'Eglise.
Bougène Alidor	2	29	R. Saint-Denis, 72.
Bougie Claude	2	67	Brûlé.
Bougnole Antoine	2	43	R. Dauphine.
Boulevart Prudent	2	41	R. Sainte-Anne, 89.
Bouley Alcindor	2	63	R. Suffren.
Bouley Emile	2	26	dito.
Boulo Numa Louis-Laurent	2	32	R. Ruisseau des Noirs.
Bouloc Célestin	3	51	Patates à Durand.
Bouloc Emile-Jérémie	1	21	
Boulon Louis-Marie	4	72	Montagne.
Bouquet Auguste	1	23	R. de Paris.
Bouran Alfred	3	45	Rivière des Pluies.
Bourbier Lafortune	2	62	R. du Bois de Nèfles.
Bourda Adolphe	1	75	Boulevard Lancastel
Bourdageau Edouard-Justin	1	49	Route Nationale, 231.
Bourdageau Ernest-Saint-Amand	1	37	dito.
Bourdageau Félix-Sully	1	55	dito.

Bourdageau Jules	1	45	Route Nationale.
Bourdon Adolphe	2	49	R. Monthyon.
Bourdon Amand	1	42	R. de la Réunion.
Bourdon Charles	1	27	R. de Paris.
Bourdu Agricole-Loumine	2	38	C. Ozoux.
Bourette Édouard-Alexis-Daniel-Charles	2	56	R. Sainte-Anne, 15.
Bourette Daniel	2	24	dito
Bourgagro Bazile	2	49	R. Saint-Denis, 90.
Bourges François	3	62	Patates à Durand.
Bourges Henri	3	27	Sainte-Clotilde.
Bourgoing Auguste	1	43	R. des Sables, 30.
Bourgoing Etienne	1	40	R. du Barachois.
Bourhis Albert	3	36	Chaudron.
Bourhis Jean-Baptiste	2	34	R. Saint-Jacques, 41.
Bourkar Pierre-Louis	2	36	C. Ozoux.
Boursault Albert	2	28	R. Dauphine.
Boursault Alfred	2	28	dito
Boursault Ferdinand	2	45	R. Monthyon.
Bourval Arthur	2	27	R. de la Source.
Bourval Jules	2	42	R. Arsenal, 30.
Bousquet Charles	1	38	R. du Mât de Pavillon.
Bousquet Clément	2	34	Rue du Conseil, 149.
Bousquet Louis	2	40	C. Giron.
Boutiana Antoine	1	29	R. du Barachois, 95.
Boutiana Thomas	4	40	R. de la Boulangerie.
Boutto François	1	58	R. de Labourdonnais.
Bouvet Camille	2	44	R. du G.-Chemin.
Bouvet Eugène	2	26	R. Sainte-Marie.
Bouvier Onésime	2	58	dito.
Bouvreuil Paul-Joseph	1	21	
Boyer Almanzy	2	51	R. de Caen.
Boyer Antoine	3	51	Chaudron.
Boyer Aristide	2	45	R. Sainte-Marie, 170
Boyer Arnold	2	28	Route nationale.
Boyer Augustin	3	69	Rivière des Pluies.
Boyer Augustin-J.-Baptist.	1	27	
Boyer Charles	2	23	Brûlé.
Boyer Charles-François	1	43	Route Nationale.
Boyer Désiré	1	38	R. de la Boucherie.
Boyer Edouard	2	56	R. Dauphine.
Boyer Elie	1	52	R. du Cimetière.
Boyer Ernest	4	25	R. de la Boulangerie.
Boyer Firmin	3	31	Chaudron.
Boyer François-Beauvercy	2	31	R. Sainte-Anne.
Boyer François	2	23	C. Ozoux.
Boyer Frédéric	2	28	R. Sainte-Anne, 77.
Boyer Georges-Boisy	1	27	R. de l'Embarcadère.
Boyer Gustave	1	35	R. de la Réunion.
Boyer Jean-Baptiste	2	35	R. Montreuil.
Boyer Jean-Jacques	1		R. du Grand-Chemin.
Boyer Joseph	1	39	R. du Grand-Chemin.
Boyer Jules-Ferdinand	1	21	
Boyer Julien	4		Colline.
Boyer Julien-Mondésir	1	21	
Boyer Juméra	2	44	R. Sainte-Anne, 89.
Boyer Laurent-Camille-Derozin	1	22	R. de la Compagnie.
Boyer Louis	2	24	R. Dauphine.
Boyer Louis	1	48	R. Saint-Joseph.
Boyer Louis	3	43	Patates à Durand.
Boyer Louis-Aristide	2	38	R. Fénelon.
Boyer Louis J.-Baptiste	1	21	
Boyer Louis-Rosaire	3	26	Chaudron.
Boyer Pierre	1	58	R. Labourdonnais.
Boyer Pierre	3	36	Chaudron.
Boyer Raymond	1	32	R. Grand-Chemin.
Boyer Simon	2	49	C. Jacquot.
Boyer Victor	2	49	d°
Boyer de la Giroday Augustin	3	58	Rivière des Pluies.
Boyer de la Giroday Benoit	3	61	Chaudron.

Boyer de la Giroday Charles	1	35	R. du G.-Chemin, 119
Boyer de la Giroday Léopold	3	22	Chaudron.
Braban Arnold	1	21	
Brabant Aurélien	2	25	Ruelle Boulo.
Brabant Ernest-J.-Baptis.	2	47	R. Sainte-Anne.
Brachon Hippolyte	1		R. du Grand-Chemin
Bradel Arthur	2		R. Saint-François.
Bradel Jean-Baptiste	2	46	d°
Brancard Antoine	2	52	R. Bouvet.
Brancard Policar	1		R. Grand-Chemin.
Branchet Jean-Marie	4	58	Quai Ouest.
Brandon Alexandre	4	49	Montagne.
Braon Antoine	1	21	
Bras Joseph	2	62	Saint-François.
Brasrouge Edmond	2	53	R. Saint-Denis, 8.
Brassé Amédée	1	23	R. Intendance.
Brasy Louis	2	38	R. Saint-Bernard, 14.
Brave Jean-Baptiste	1		R. Grand-Chemin.
Bréda Pierre	2	53	C. Ozoux.
Brelan Eugène	1	38	R. de Paris.
Brellie Joseph	2	28	C. Ozoux.
Brémen Antoine-Héribert	4	26	Montagne.
Brémont Anatole-Vaillant	2	31	R. Dauphine.
Brémont Edouard	2	63	d°
Brémont Joseph	1	47	R. Labourdon., 125.
Brennus Victor	1	39	R. de Paris.
Brenny Joseph	1	29	Route Nationale, 357.
Bressé Victorin	3	36	Rivière des Pluies.
Brété Martin	3	48	Chaudron.
Breton Benoit	1	31	R. du Conseil.
Brévans Emile	1	21	
Brézé Lindor	3	42	Chaudron.
Brézé Victor	3	35	dito
Briant Paul	4	24	R. Boulangerie.
Bridet Hilaire-Gabriel	1	60	R. Barachois.
Bridet Marie-Emile-Louis-Gabriel	1	26	dito
Brière Joseph-Léon	1	32	R. Conseil.
Brigitte Olivier	2	39	C. Ozoux.
Brillant Bazile	1	81	R. du Cimetière Est.
Brillant Henri	2	64	C. Ozoux.
Brimbel Antoine	3	26	Rivière des Pluies.
Brique Louis-Marie	3	74	Chaudron.
Briquet Joseph	2	63	C. Ozoux.
Bricolle Pierre	1	21	
Brissac Furcy-Arthur	3	46	Bois-de-Nèfles.
Brisse Jean	2	30	C. Ozoux.
Brisson Edouard	2	33	R. Magalon.
Brizon Bubou	2	41	R. Bouvet, 32.
Brochus Montrose	1	57	Ruelle du Théâtre.
Brodil Louis dit Azor	2		C. Ozoux.
Brom Hippolyte	1	21	
Broussous Casimir	1	48	R. de la Compagnie.
Bruat Louis	1	28	R. Moulin à Vent, 20.
Bruè Victorin fils	3	29	Rivière des Pluies.
Bruelle Philibert-Alphonse	1	23	R. La Boucherie.
Bruguier Henri	4	60	Petite-Ile.
Bruguier Volmar	2	34	C. Ozoux.
Brulant Victor	3	58	Rivière des Pluies.
Brun-Jean-Baptiste	4	57	Boulangerie.
Brun Joseph	1	44	R. du Four à Chaux.
Brune Louis	3	71	Patates à Durand.
Bruné Pierre-Henri	1	21	
Bruneau André	3	63	Rivière des Pluies.
Bruneau Clément	2	36	Camp-Giron.
Brunet C. Jean-Marie	1	30	R. de Paris.
Brunet Charles-Jules	1	21	
Brunet Clément	3		B. de Nèfles
Brunet Dufour-Jacques	1	41	R. du Conseil.
Brunet Jacques-Léon	1	21	
Brunet Léopold	4	65	R. Boulangerie.

Brunet Octave	2	60	R. Conseil, 100.
Brunet Pierre	1	54	R. St-Joseph.
Bruniquel Jules	2	42	R. de Caen, n° 2.
Bruno Edon	3	60	Chaudron.
Brunot Alphonse	1	32	R. Embarcadère.
Brutus Pierrot	2	64	Lataniers.
Brutus Uldaric	2	49	C. Ozoux.
Bryon Brutus	3	69	Bois-de-Nèfle.
Bugnot Alfred-Aimé	2	39	C.Ozoux.
Bulté Martin	3	84	Chaudron.
Bundervoët Joseph	2	38	R. St-Joseph, 85.
Bureau Henri	2	41	R. Ruisseau des Noirs.
Burel Augustin	2		Brûlé.
Burel Jean-Baptiste Aristide	2	38	R. Lafontaine.
Burglin Jean-André	4	59	Petite Ile.
Buroleau Jean-Baptiste	2	61	R. de Paris.
Buroleau Louis-Daniel	2	21	Rue de Paris
Busnel François-Gabriel-Edmond	1	21	
Buttié Antoine	1	22	R. Labourdonnais.
Buttié Joseph-Odon	1	42	R. de la Réunion, 64.

C

Cabaret Augustin-Ouvan	1	21	
Cabeau Eugène	3	69	Rivière des Pluies.
Cabelot Théodore	1	33	R. de la Boucherie.
Cabéria Hippolyte	3	67	Rivière des Pluies.
Cabrière Auguste	3	69	Bois de Nèfles
Cabriole Julien Gabriel	1	21	
Cachet Jonas	4	33	R. de la Boulangerie.
Cachot Louis	2	44	Rue Dauphine.
Cacqueray de Valménier Pierre-Anatole	2	62	C. Ozoux.
Cadame Victor	1	49	R. du Four à Chaux.
Cadet Félix	1	35	R. du Barachois, 69.
Cadet François	2	29	Rue Saint-Denis.
Cadet Julius	1	37	R. du G-Chemin, 105.
Cadet Sylvain	1	37	Route Nationale.
Cadran Etienne	2	34	Rue Bouvet.
Cadran Toussaint	2	26	d°
Café Charles	2	86	Camp Ozoux.
Cafre Joseph	3	29	Sainte-Clotilde.
Cahen Maurice	1	44	Rue du Conseil, 60.
Cabours Paul	1	53	Rue Rontaunay.
Cailherda André	2		Rue de la Source.
Caillé Emile-Alfred	1	21	Rue de la Réunion.
Caimbo Pierre	4	61	Montagne.
Calais Jacques	2	48	Rue du Conseil.
Calbo Saint-Ange	1	31	Rue du Conseil, 93.
Calendrin Alexandre	1	56	
Calle Célestin	2	48	R. du R. des Noirs.
Calle Valentin fils	2	32	Rue Bertin.
Calm Jean-Pierre	2	58	Rue Saint-Denis.
Calman Alfred	2	35	Rue Saint-Jacques.
Calman Julien	4	27	R. de la Boulangerie.
Calmels Joseph	4	48	Rue de la Caserne.
Calmo José	2	74	Rue Saint-Jacques.
Caloumar Camille	4	27	R. de la Boulangerie.
Caloumar Léopold	4	27	d°
Calvat Eugène-Antoine	4	29	Rue de la Rampe, 19
Calvert Camille	2	30	R. Sainte-Marie, 75.
Calvert Frédéric	1	45	Rue Boulevard, 84.
Calvert Ls-Pierre-Henry	1	21	
Calvert Thomy	2	48	Rue Sainte-Anne.
Cambrin Hippolyte	2	47	R. du Barachois, 131.
Cambronne Auguste	1		
Camerlo Jean-Baptiste	1	26	Ruelle du Théâtre.
Caméro Narcisse	3	75	Rivière des Pluies.
Camille (Etab. Mazérieux)	3		d°
Camille Antoine	2	47	Brûlé.
Camille Jean	4	44	R. de la Boulangerie.
Camille Pierre	1	36	Rue de l'Est.
Campagnac Gustave	2	37	R. Joseph Hubert.
Campagnac Louis	2	29	Rue Lafontaine.
Campagnon Joseph	3	56	Chaudron.
Campenon Jules	2	27	Rue du Barachois.
Campon Isidore	2	74	Brûlé.
Canayen Jules	2	25	Camp Giron
Candelon Charles	4	24	Montagne.
Candide Philt. Ch. Alphse. Edgd.	1	21	
Canetto Joseph	3	43	Rivière des Pluies.
Caniel Prosper	3	47	d°
Cantal Médar	2	34	Saint-François.
Cantal Michel	2	37	Route Nationale.
Cantenay Gustave	1	44	Boulevard Lancastel.
Cantenay Joseph	2	42	R. Saint-Jacques, 31.
Caperne Louis	3	57	Chaudron.
Caperre Eugène-Emilien	1	21	
Capet Denis	2	30	Rue Lafontaine, 57.
Capet Victorin	3	37	Rivière des Pluies.
Capital Léveillé	3	64	Bois de Nèfles.
Capon Benjamin	1	55	Rue de l'Est.
Capor Joseph	3	74	Patates à Durand.
Caprice Jacques	2	64	R. du R. des Noirs.
Caprice Palmyre-Palmon	1	78	Route Nationale.
Caprice Pierre-Noël	2	37	Camp Giron.
Caprin Julien	1	21	
Capsule	1		Hôpital militaire.
Capucin Caprice	4	67	Montagne.
Carbonnet Léonce	1	21	
Carcet Hippolyte-Charles	1	21	
Cardini Victor	2	45	Camp Ozoux.
Cardo Pierre-Théodore	1	21	
Carfala Alidor	2	72	Brulé
Caria Pierre, dit Sablon	3	29	Rivière des Pluies.
Carice Henry	2	65	R. Sainte-Marie, 3.
Carimme Augustin	2	27	C. Ozoux.
Carmin Oreste	2		Lycée.
Caroline Emile	1	61	R. de la Compagnie.
Caron Pierre	1	50	R. de l'Est 75.
Caron Pierre-Antoine-Monchéry	1	58	Batterie du Rouillé.
Carosin Emile	2		R. d'Après.
Carotier Décembre	4	49	Montagne.
Carrère Albert	2	27	R. St-Denis, 5.
Carrère Aristide	2	47	R. du Rempart.
Carrère Antoine	2	23	R. St-Denis, 5.
Carrère Denis-Gabriel	1	21	
Carrère Louis	2	28	dito
Carrère Raphaël-Jean	1	21	
Carrère Sully	2	26	dito
Cartahu Ernest	3	44	Rivière des Pluies.
Cartahu Martin	3	37	dito
Cartahu Paphus dit Porphyre	3	70	dito
Cartahu Philogène	3	28	dito
Cartahu Pierre	3	78	dito
Cartahu Théia	1	59	Chaudron.
Carteret François	1	50	R. du Grand-Chemin.
Carteret Joseph-Jean-Louis	1	21	

Cartouche Fanor	4	70	Montagne.
Cartouche Jean-Ovide	3	53	Sainte-Clotilde.
Caru Gustave	3	31	dito
Caru Janvier	3	58	dito
Carvana Albert	4	31	R. de la Boulangerie.
Cascade Jean Baptiste	2	27	R. Saint-Denis.
Casimir Adolphe	2	28	R. St-Bernard, 1.
Casimir Adrien	2	45	R. Liancourt, 10
Casimir Alexandre	1	36	Route Nationale.
Casimir Alidor	3	72	Bois de Nèfles.
Casimir Alidor Charles	2	35	Boulevart Doret.
Casimir Auguste	2	70	R. du Ruisseau des Noirs.
Casimir Ernest	1	26	R. des Limites.
Casimir François	4	21	Ruelle Amelin
Casimir Jean Baptiste	4	62	Rivière (colline).
Casimir Jolicœur	2	69	C. Giron.
Casimir Victor	2	24	R. Ste-Anne.
Cassinca Auguste	3	51	Patates à Durand.
Castel Télémaque	1		Route Nationale.
Castelnau Julien	1	34	R. du Four-à-Chaux.
Castor Blanc	3	63	Chaudron.
Castor Jean-Baptiste	3	52	Patates à Durand.
Castro Augustin	2	37	R. Poivre.
Castro Joseph	2	54	Route Nationale.
Catherin Henri-Ténot	3	42	Ste-Clotilde.
Catherin Jean Baptiste	3	60	dito
Catherine Duhamel	4	46	R. de la Boulangerie.
Catherine Ernest	2	34	C. Ozoux.
Catherine Jean-Baptiste Honoré	1	34	R. de l'Embarcadère.
Catherine Paterne	4	32	Montagne.
Catherine Toussaint	1	21	
Cathéry Joseph-Florian	1	21	
Cathery Romain	2	25	R. St-Bernard.
Cathou Alphonse	2	36	R. Ruisseau des Noirs.
Cathou François	2	61	R. St-Jacques.
Catillon		53	R. St Joseph.
Catineau César	1	42	Rue de l'Est.
Catole Pierre-François	1	63	R. du Barachois, 95.
Caton Elie	2		Rue St-Denis.
Caussemann Louis-Marie	2	57	Rue du Bois de Nèfles.
Cauvin Achille	2	39	Rue Dauphine, 7.
Cauvin Charles	1	51	R. du Grand-Chemin.
Cavillot Henry-Bernard	1	21	
Cazal Dorseuil	4	37	R. de la Boulangerie
Cazal Mathieu Jean Louis	4	51	Montagne.
Cazamian Firmin	2	37	Rue St Joseph, 164.
Cazeau Théodule	2	51	Rue Dauphine, 87
Cazorin Victor	2	40	C. Ozoux.
Cébas Janvier	2	71	Boulevard Doret.
Cébrion Augustin	1	21	
Céda Thom-Luce	2		C. Ozoux.
Cédin Jules	1	38	R. de la Réunion.
Célérine Gustave	2		Saint-Jacques.
Célérine Louis	2	51	R. St-Jacques.
Céleste Hippolyte	2	41	R. Poivre.
Célestin Auguste	1	21	
Célestin Alexandre	2	31	R. Sainte-Marie.
Célestin Alexis	2	51	C. Ozoux.
Célestin Elie	1	50	R. de l'Est.
Célestin Ernest	4	36	Quai Est, 11.
Célestin Furcy-Adolphe	2	37	R. Fénelon.
Célestin Joseph	4	47	R. de la Boulangerie.
Célestin Jules	4	35	Montagne.
Célestin Paul	3	42	Patates-à-Durand.
Célestin Pierre	1	34	R. Rontaunay.
Célestin Philippe	2	26	Bois-de-Nèfles.
Célibé Justin	3		Chaudron.
Célie Héliodore	2	31	R. Sainte-Anne, 89.
Célima Louis-Eugène	1	41	R. de Caen, 26.
Célimon Arnold-Léon	2	24	R. de l'Arsenal.
Célimon Victor	1	40	R. Embarcadère, 26.

Célisse Lucien	2	65	R. de Caen.
Célisse Joseph	2	26	d°
Cémir Auguste	2	71	St-François.
Cénédan Ernest	2	39	R. Ste-Marie, 105.
Cerclé Jean-Edouard	1	73	R. du Conseil, 51.
Cérillot Ernest	2	27	C. Ozoux.
Cérillot Henri	2	61	d°
Cernain Toussaint	1	21	
Cerné Aristide	2	26	R. de la Fontaine, 69.
Cerné Edouard	2	32	R. Joseph-Hubert.
Cerné Julien	2	59	R. de la Fontaine, 69.
Cerneau François	2	48	R. de Caen.
Cerneau Léonce	2	39	R. Saint-Denis, 66.
Cerneau Thomy	2	23	R. Bertin.
Cerveau Caron	2	75	Brûlé.
Césaire Edmond	2	40	R. de Paris, 85.
Césaire Henri	1	33	R. de l'Eglise.
César Auguste	2	31	R. de l'Arsenal.
César Edouard	4	28	R. de la Boulangerie.
César Ernest	2	29	C. Ozoux.
César Henri	2	27	St-François.
César Joseph	4	55	Petite-Ile, 14.
César Louis-Frédéric	4	42	Montagne.
César Lazare	2	44	Saint-François.
Chabiron Georges	4	80	Montagne.
Chabot Augustin	2	43	R. Saint-Philippe.
Chabriat Théodore	2	27	C. Ozoux.
Chabrié Adrien-Bénédicte	1	21	
Chabrié Azénor	2	69	Route Nationale, 228.
Chabrier Jules Benoit-Jocelyn	2	26	R. du Barachois, 133.
Chactus Jean	3	26	Chaudron.
Chadene Gustave	2	65	R. Bouvet.
Chagnon Irnay	2	46	R. Sainte-Marie.
Chailley Hippolyte	1	45	R. du Grand-Chemin.
Champagne Charles	2	56	R. St-Joseph.
Champcourt Eugène	2	46	R. du R. des Noirs.
Champignel Henri-Hector	2	24	R. Ste-Marie, 145.
Champignel Louis	2	55	d°
Champon Christian	2	27	B. Providence.
Chancelier Jean-Baptiste-Noël-Fabien	1	21	
Chantaly Ernest	3	32	Patates à Durand.
Chantam Louis-Savanne	1	23	R. Saint-Joseph.
Chapelle Furcy	2	32	C. Ozoux.
Chapelle Guillaume	1	76	
Chapellut Joseph-Marie	1	39	R. de l'Embarcadère.
Charbon Clément	3	60	B. de Nèfles.
Charbonneau Pierre	1	65	R. du Conseil.
Charbonneaux Claude	2	44	R. du Grand-Chemin.
Chariapa Philippe-Isidore	2	52	R. St-Jacques.
Charlemagne Lérivent	3		Rivière des Pluies.
Charlemagne Victor	2	63	R. du Bois-de-Nèfles.
Charles Adolphe dit Sagot	1	28	R. Lafferière.
Charles Albert	1	28	Boulevard Lancastel.
Charles Amédée	3	76	Patates à Durand.
Charles Augustin	3	51	Bois de Nèfles.
Charles dit Augustin Charlette	2	32	R. Dauphine.
Charles Bernard	1	40	R. St-Joseph.
Charles Camille	1	21	
Charles Ernest	3	23	Sainte-Clotilde.
Charles Eugène	1	25	R. des Limites, 26.
Charles Jean-Marie-Auguste	1	60	R. Barachois, 89.
Charles Jean-Baptiste	2	29	R. de Caen.
Charles Joseph	2	45	R. Fénelon.
Charles Pierre-Louis-Henri	2	35	R. Reydellet.
Charles Philogène	2	44	R. Sainte-Anne, 136.
Charles Victor	2	30	R. de Lafontaine.
Charles Zacharie	2	48	R. Sainte-Anne.
Charlette Augustin	1	21	
Charlette Louis-Valcome	1	21	

Charlette Zélidor	2	38	R. Voltaire.
Charlier Albert	1	21	R. de l'Est.
Charlier Emile	2	32	R. Sainte-Anne.
Charlier Fernand	1	26	R. des Limites, 14.
Charlot Alexandre	2	31	R. Monthion.
Charlot Auguste	1	40	Route Nationale, 105.
Charlot Benjamin	1	74	R. de l'Eglise
Charlot Charles	4	30	R. de la Boulangerie.
Charlot Charly	2	32	R. de Caen.
Charlot Edouard.	2	26	R. Monthion.
Charlot François-Félix	1	43	R. St-Joseph.
Charlot Gaspard	3	50	Sainte-Clotilde.
Charlot Henri	1	32	R. Moulin à Vent.
Charlot Jean-Baptiste	2	54	R. Suffren, 21.
Charlot Joseph	2	49	R. du Butor.
Charlot Jules-Martin	3	45	Chaudron.
Charlot Julien	2	29	R. Monthyon.
Charlot Pierre-Henri	1	44	R. Moulin à Vent.
Charly Achille	1	61	R. l'Embarcadère, 26
Charly Alfred	4	44	Quai Ouest, 22.
Charly Ambroise	1	68	R. du Barachois.
Charly Charles	4	47	Petite Ile.
Charly Ernest	1	42	Rue de l'Eglise, 97.
Charly Ernest	1	23	Rue l'Embarcadère.
Charly Pierre	3	48	Chaudron.
Charmaille Joseph	1	63	Rue Rontaunay.
Charmant Eugène	2	54	C. Ozoux.
Charmant Pierre-Eugène	2	21	Camp Ozoux
Charmont Ernest	2	32	Rue Ste-Marie, 187.
Charni Charles	2	66	Brûlé.
Charotais Charles	2	26	R Ruisseau des Noirs.
Charriot Pierre	1	34	Rue de la Réunion, 85
Charron Etienne	1	40	R. du Conseil
Charvet	1	46	Rue du Conseil.
Chary Charles	2	47	Brûlé.
Chassériau Jules	1		Rue du G.-Chemin.
Chasseville Chéry	1	21	
Chataignier Pierre-Théophile	2	53	Rue St-Jacques, 21.
Chateau Brun-Joseph	2	28	Saint-François.
Chateau Léandre	1	43	Rue de l'Eglise, 22.
Chatel Aimé-Evan	2	37	Rue de l'Arsenal.
Chatel Florentin	2	65	R. Ruisseau des Noirs.
Chatel Florentin-Rémy	2	28	dito
Chatel Jules	2	24	dito
Chatelard Gédéon	2	66	Brûlé
Chatelet Anatole	2	29	Pont Doret
Chatelet Jh. Paul	2	28	Boulevard Doret
Chatelet Philippe-Chaul	2	48	Pont Doret.
Chaudron Georges	4	52	Montagne.
Chaul Ferdinand	2	23	R. du Conseil
Chaumont Toussaint	3	67	Chaudron.
Chavriat Jean-Baptiste	1	67	Rue de la Bouch., 86
Chédorge Louis	2	47	Rue Ste-Marie, 105.
Chelchar Charly	2		Camp-Ozoux.
Chemin Charles-Henri	2	56	Brûlé.
Cheminée Henri	4		R. de la Boulangerie.
Cheminot Fantaisie	3	76	Chaudron.
Chenot Ls.-Ph.-Mie.-Alphonse	2	21	Rue Monthion
Cherbau Armand	1	21	
Cherboug Louis	2	50	Latanier.
Cherbourg Alfred	2	42	Rue Monthion.
Cherbourg Louis-Gabriel	2	22	Rue Bouvet.
Cherbourg Yambaoc	2	65	Lataniers.
Cherchel Albert	1	26	Rue du Théâtre, 8.
Chérimont Auguste	2	36	Lataniers.
Chérimont Alcée	4	30	Petite Ile.
Chérimont Charly	2	49	Rue Ste-Marie, 73.
Chérimont Jules	2	64	Rue Monthion.
Chérimont Julien	2	30	dito
Chérimont Marius	3	64	Sainte-Clotilde.
Chérimont Pierre-Louis	2	65	Camp-Ozoux.
Chéruit Jérôme-François	4	53	Quai de l'Ouest.
Chéry Alexis	2	49	Rue Bouvet, 11.
Chéry Antoine	4	47	R. la Boulangerie, 68.
Chéry Ernest	2	46	Camp-Ozoux.
Chéry Pierre	2	42	Rue Sainte-Marie
Chevalier Benoit	2	64	Rue Dauphine, 111.
Chèvrefeuil Jean-Louis	1	58	Rue de Paris, 75.
Chietty Henri	3	72	Chaudron.
Chinjoie Alfred	1	21	
Chinjoie Frédéric-Evariste	2	26	Camp-Ozoux.
Chinjoie Evariste	2	47	dito
Chino Louis	1	39	R. de la Réunion, 109
Chippeur Evariste	2	67	Camp-Ozoux.
Chonnette Alidor	2	45	Route Nationale, 290
Chonnette Joseph	2	31	Rue Amédée Bédier.
Chopinet Paulin	3	29	Rivière des Pluies.
Chopinet Théodore	3	25	Chaudron.
Chopinet Vital	4	34	Petite Ile.
Choppy Gustave-Désiré	1	42	R. la Compagnie, 43.
Chrétien Pre-François-Paul	2	63	Rue Lafontaine.
Chrétien Marie-Auguste-Henri	2	22	Rue Lafontaine.
Chrétien Robert	2	31	Rue Malartic.
Chrysostôme Denis	2	44	dito
Chrysostôme Jules	2	49	dito
Chrysphore Trim	1	59	Rue de la Réunion.
Chubri Thomy	2	61	Rue Suffren.
Cinget Henri	2	33	Rue Saint-Denis, 67.
Citanos Edouard	1	44	R. Moulin-à-Vent.
Clain Albert	2	30	Rue de Caen.
Clain Albert	3	25	Rivière des Pluies.
Clain Alexandre-Victor	3	69	Patates à Durand.
Clain Armand	2	33	R. Ruisseau des Noirs
Clain Armand	3	59	Rivière des Pluies.
Clain Augustin	3	73	dito
Clain Camille	3	23	Patates à Durand.
Clain Charles-Filao	1	54	Boulevard Lancastel.
Clain Charles-Marcelin	3	28	Rivière des Pluies.
Clain Charles	3	31	dito
Clain Chériseuil-Blévert	2	62	Rue Dauphine.
Clain Edouard	1	39	Rue d'Assas.
Clain Ernest	2	49	Rue Colbert.
Clain Etienne	3	34	Rivière des Pluies.
Clain Fois.-Jean-Baptiste	1	21	
Clain François-Marie-Augustin	2	24	Rue Sainte-Marie.
Clain Gustave	2	25	dito
Clain Jean-Marcelin	3	29	Rivière des Pluies.
Clain Joseph-Charles	2	23	Camp Ozoux.
Clain Joseph	3	44	Rivière des Pluies.
Clain Joseph	2	45	Rue Mazagran.
Clain Joseph-Marcelin	3	49	Rivière des Pluies.
Clain Louis-Chériseuil	2	23	Rue Jacob.
Clain Louis-Julien	1	24	Rue de l'Est, 72.
Clain Louis-Marcelin	3	70	Rivière des Pluies.
Clain Marcelin	3	25	dito
Clain Pierre-Agricole	3	64	dito
Clain Pierre Désiré Charmois Bénédict.	1	21	
Clain Renaud	2	61	Rue Colbert, 7.
Clain Victor	4	45	Petite Ile.
Clairin Gustave	2	59	Rue Boulo.
Clairivette Jean	2	25	Rue de l'Arsenal.
Clairivette Rosile-Achille	2	32	Rue Colbert.
Claman Thomas	1	48	R. du Four-à-Chaux.
Clara Charles	2	39	Camp-Ozoux.
Clara Marcelin	2	55	dito
Clarmont Henri	2	35	Rue la Fontaine 74.
Clarmont Jean-Baptiste	1	43	Rue des Sables, 29.
Clarmont Jean-Baptiste	1	25	
Clarmont Pierre-Henri	3	58	Chaudron.
Clarmont Toussaint-Philippe	2	24	Rue Saint-Jacques.

Clavert Thomy	2	45	C.Ozoux.
Clavette Saint-Ange	2	49	R. Montreuil, 30.
Clef Ernest	1	49	R. de la Boucherie
Clef Fernand	1	22	dito
Clémenceau Camille	1	55	R. Labourdonnais.
Clément	1	68	R. d'Aassas.
Clément Aristide	1	62	Boulevard Lancastel.
Clément François	1	22	R. du Barachois
Clément René	3	69	Rivière des Pluies.
Clermont Alfred	1	21	
Clermont Bouzir	2	39	Rue de Caen.
Clermont Ernest	1	45	Rue du Rempart.
Clopin Rock	2	59	R. Saint-Joseph, 130.
Cloraine Léopold	1	41	R. du Moulin-à-Vent.
Clorinde Aristide	3	44	Chaudron.
Clotogatide Ernest	2	31	Rue Monthyon, 12
Clotogatide René	2	31	dito
Clovis Camille	2	43	Rue Montreuil.
Clovis Jean-Baptiste	2	41	Rue de Caen.
Clovis Gustave-Robert	1	56	Rue du Gd-Chemin.
Clovis Xavier	2	52	Saint-François.
Cochard Joseph-Albert	2	36	Rue Ste-Marie.
Cocin Auguste	1	42	Rte Nationale, 277.
Codéro Pierre-Miguel	1	21	
Cognac Firmin	3	83	Patates à Durand.
Cohet Balthazar-Raymond	1	21	
Colinet Jules-Pierre	1	45	Rte Nationale, 375.
Colinet Philippe-Pierre	1	33	Boulevard Lancastel.
Collard Adolphe	2	50	Rue Fénelon, 22.
Collaste Amédée	3	23	Rivière des Pluies.
Collet Arispe	2	49	Rue Monthion, 50.
Collet Louis	1	27	Rue de Paris, 36
Colmar Amédée	3	48	Chaudron.
Colmar Augustin	1	21	
Colmar Léopold	3	28	Sainte-Clotilde.
Cologne Erédéric	1		Route Nationale.
Cologon Alexandre	1	46	Rue de la Boucherie.
Cologon Fanchin	1	39	Rue de la Réunion.
Cologon Toussaint	3	29	Rivière des Pluies.
Colomb Christophe	1	53	Rue de la Réunion.
Colombel Adolphe	1	26	Ruelle du Théâtre.
Colombel Joseph	1	61	dito
Colombel Jules	1	34	dito
Colombel Julien	1	27	Rue de l'Eglise.
Colombin Alexandre	1	21	
Colonnet Alexandre	3	27	Sainte-Clotide.
Combe Joseph	2	40	Rue du Barachois.
Combe Joseph-Pierre	1	21	
Côme Aubéran	4	78	Montagne.
Côme Dominique	3	29	Rivière des Pluies.
Côme Elie	2	35	Camp-Giron.
Côme Henri Augustin	2	64	Rue Saint-Jacques.
Côme Jean	2	31	Rue de l'Arsenal, 92.
Commans Jules	1	57	R. de Labourdonnais.
Comptoir César-Julie	4	37	Montagne.
Comptoir Zélie-Henri	4	26	dito
Condé Nelzor	4	61	dito
Condon François	1		Ruelle Vieux-Bazar.
Condora Michel	1	44	Rue de la Réunion.
Conier Jules	1	40	Rue Labourdonnais.
Considérant Joseph	1	30	Rue de la Réunion.
Constant Augustin	1	21	
Constant-Jean-Marie	1	59	Route Nationale.
Constant, dit Lebon	2	66	Rue de la Source.
Constant Théodore	1	21	
Copeau Julien	3	57	Chaudron.
Coquelin François	2	54	R. Ruisseau des Noirs.
Coquelin Léon-Péraud	2	25	R. de la Source.
Corales Yolas	3	73	R. du B.-de-Nèfles.
Coralie Arthur	4	43	Montagne.
Coralie Joseph	1	31	Route Nationale.
Coras Dufitol	2		Camp-Ozoux.
Corbeil Armand-Martin	3	37	Patates à Durand.
Corbel	4		Impasse du Pont.
Corbéry Pierre-Alphonse	3	24	Chaudron.
Corbery Philippe-Dobor	3	57	Chaudron.
Corcla François	2	57	R. Ruisseau des Noirs.
Cordeil Jean-Barthélemy-Paul-André	1	35	R. de la Réunion.
Cordin Evariste-Mayeux	4	45	Rivière.
Cordon Edouard	2	31	R. Ste-Anne, 114.
Cordon Pierre-Fulgence	2	26	Lataniers.
Corentin Alphonse	2	27	R. Joseph Hubert.
Corentin Edouard	2	47	dito
Corentin Pierre-Antoine	2	45	dito
Corentin Victor	2	23	dito
Corfou Jules	1	38	
Coridon Louis	2	49	Route Nationale, 318.
Corlieu Marius-Louis	1	31	R. de Paris (Hôpital militaire).
Cormao Paulin	1	44	R. Labourdonnais.
Cormao Paulin fils	1	27	dito
Corneille Léon	2	53	R. Grand-Chemin.
Cornillon	2		R. St-Denis.
Cornouailles Auguste	2	63	C. Ozoux.
Cornu Auguste	3	44	Rivière des Pluies.
Corre Jean-Marie	1	45	R. des Sables, 34.
Cortès Ferdinand	2	60	R. de la Boucherie.
Corton Germain	2	48	R. Sainte-Marie.
Cos Furcy	2	59	Route Nationale, 298.
Cosaque le Russe Jean-Baptiste	3	52	Patates à Durand.
Coste Emile	1	21	
Cot Pierre	1	52	Place du Barachois.
Cotain Méry	1	57	R. de Paris.
Cote Adelard	2	30	Route Nationale.
Cotte Albert-Eugène	3	42	Rivière des Pluies.
Cotteret Jean-Baptiste	2	43	R. St-Joseph, 194.
Coudequel Arthur	2	45	St-François.
Coudequel Jean-Pierre	2	46	C. Giron.
Coudequel Joseph, dit Vincent	2	70	dito
Couder Antoine-Ruben (de)	3	59	Chaudron.
Couder Paul-Ruben (de)	1	31	R. Labourdonnais.
Couderc Louis	2	29	R. de Lafontaine.
Coudray Jean-Frédéric	1	55	R. d'Assas, 3.
Conédel Eugène-Marie	1	26	Rue de Paris
Coulon Félix	3	48	Patates à Durand.
Coulon Jules	3	34	dito
Coultier Pierre-Paul	1	46	R. Labourdonnais.
Courbay Nicolas	1	59	B. Lancastel, 11.
Courbon Joseph	2	68	Camp-Ozoux.
Courdajou Cambi-Arthur	3	44	Sainte-Clotilde.
Coureur Thomy-Encens	2	26	R. Mazagran.
Couronne Ernest-Dauphine	2	34	R. du Bois de Nèfles.
Courreau François	3	22	Sainte-Clotilde.
Courreau Bernard	2		Camp-Ozoux.
Coursan Charles	2	68	R. Bouvet, 17.
Coursan Frédéric	2	32	dito
Courtier François	2	32	R. de l'Arsenal, 94.
Courtray Achille	2	35	R. Magalon.
Courville Ferdinand	1	24	R. du Rempart, 47.
Cousin Charles	4	41	Quai Est, 11.
Cousin Ernest	1		R. de Paris, 36
Cousy Dominique	2	50	R. du Rempart, 4.
Coutour Alphonse	3	28	Rivière des Pluies.
Coutour Joseph	2	25	R. des Limites, 53.
Coutour Julien	3	41	Ste-Clotilde.
Coutour Mirbel	2	34	R. des Limites, 53.
Coutour Théodore	2	69	d°
Coutoz Etienne	4	44	Ilette à Guillaume.
Couturier Barthélemy-Cyrille	2	31	R. Ste-Anne.
Couturier François	1		R. de la Compagnie
Couturier Hygin	2	34	R. Ruisseau des Noirs.
Couturier Marie-Gabriel	1	21	

Couvance Michel	1	42	R. de la Boucherie.
Cramont Ernt-Louis-François-Marie	1	26	R. du G-Chemin, 125
Crané Lous-Hippolyte	1	21	
Crak Joseph	2		R. Dauphine.
Cramon Jules	2	45	R. St-Denis.
Crécy de Lanux	2	61	Brûlé.
Crécy Alphonse	1	35	R. St-Joseph, 2.
Crécy Edgard-Lanux (de)	2	28	Brûlé.
Crécy Hippolyte	2	23	R. Ste-Marie, 32.
Crémal Jean-Baptiste-Azénor	1	49	R. St-Joseph.
Crémazy Albert-Séraphin-Henri	4	28	Rue du Pont.
Crémazy Joseph-Séraphin	1	33	R. Saint-Joseph.
Crémazy Pascal	1	43	R. de la Compagnie.
Crémazy Paul	1	64	Boulevard Lancastel.
Crémazy Séraphin	2	64	R. Sainte-Anne.
Créole Joseph	3	65	Ste-Clotilde.
Créole Prudent	4	59	Montagne.
Crépel Adolphe	1	44	R. Labourdonnais, 162
Crescence Armand	3	44	Patates à Durand.
Crescent Charly	2	54	Lataniers.
Crescent Cyrille	2	78	C. Ozoux.
Crescent Florence-Joseph	2	42	R. Dauphine.
Crescent Léon	2	22	Route Nationale.
Crescent Louis-Félix	2	44	R. Saint-Joseph.
Crescent Théodore	2	64	R. de la Boucherie, 124
Crestien Alphonse	1	36	R. de l'Intendance.

Crésus Jules	2	52	Brûlé.
Creuse Charles	1	60	R. de Paris, 36.
Croisatier Auguste	2	57	Brûlé.
Croquet Arthur	1	31	R. de l'Est, 30
Crosnier Alexandre	2	43	R. du Butor, 4.
Crosnier Alfred	2	36	R. Ste Anne, 108.
Crosnier Ch. Antoine	1	21	
Crotone Zacharie	2	62	R. Voltaire.
Croviel Cyrille	2	54	C. Ozoux.
Cuba Martin-Néja	2	54	d°
Cuillère Sicre	3	61	Ste-Clotilde.
Cupidon Elie	2		Lataniers.
Cupidon Mardochée	4	47	Montagne.
Cupidon Moutama	2	64	C. Ozoux.
Curtius Jean-Edouard	2	44	R. du Conseil.
Cuvélier Louis-Augustin	2	21	R. de l'Arsenal.
Cuvellier Louis-Marcely	2	59	d°
Cuvellier Thomas-Augustave	2	38	R. de la Boucherie, 130
Cuvillier Alfred	2	23	R. Ruisseau des Noirs
Cyfur Francisque	2	66	Saint-François
Cyprien Jules	3		Patates à Durand.
Cyprien Rosaire	1	21	
Cyrille Anne-Andrèze	2	43	Lataniers.
Cyrille Jean	2	25	C. Giron.
Cyrille Henri	3	65	Rivière des Pluies.
Cyrole Henri	3	61	d°
Cyrus César	4	70	Montagne.

D

Dabor Charles	1	21	
Dabor Joseph	2	29	Camp-Ozoux.
Dabor Lizard-Joseph	3	40	Sainte-Clotilde.
Dabor Marcely	2	33	Camp-Ozoux.
Dachery Charles	4	42	Ravine à Jacques.
Dafrique Anatole	4		Digue.
Dafrique Hyacinthe Stanislas	1	21	
Dafrique Paul-Amédée	1	21	
Dagard Joseph	2	46	Camp-Ozoux.
Dagathe J.-B.-Fabiole Verchamp	2	38	Rue Mazagran.
Dailly Julien	2	30	Rue Amédée Bédier.
Dallèle Alfred	4	32	Montagne.
Dalèle Germain	2	58	Camp-Ozoux.
Dalèle Henri	4	50	Montagne.
Dalèle Paul	4	34	d°
Daler Auguste Antoine	3	46	Chaudron.
Daler Charles	3	42	Sainte-Clotilde.
Daler Furcy	2	61	Camp-Ozoux.
Daliana Marius	4	38	Montagne.
Dalidan François	2	28	Rue Bouvet, 15.
Dalidan Joseph	3	45	Rivière des Pluies.
Dalidan Joseph Olivier	1	21	
Dalidan Michel	3	50	d°
Dalidère Emile	1	38	R. de la Boulangerie
Dalidor Louis-Joseph	4	64	Montagne.
Dalila Alexis	1	42	Rue du Rempart, 33.
Dalila Louis	2	30	Rue Saint-Denis.
Dalleau Alexandre	4	42	R. de la Boulangerie.
Dalleau Antoine	3	79	Rivière des Pluies.
Dalleau Béloni	3	40	d°
Dalleau Casimir	2	39	Ruisseau des Noirs.
Dalleau Guy-Nazaire	3	32	Rivière des Pluies.
Dalleau Lory	1	46	Rue de Paris, 26.
Dalleau Nérac	2	63	Camp-Ozoux.

Dalleau Nérac-Louis	1	21	
Dalleau Paul	4	76	Colline.
Dalleau Paul	2	26	Camp-Ozoux.
Dalmon Rolland	2	63	Camp Ozoux
Damas Henri	1	21	
Damase Pierre	2	70	Lataniers
Damis Alphonse Chérimont	1	29	Boulevard Lancastel.
Damon Edouard	1	21	
Damotte Camille	1	27	Rue du Conseil, 6.
Damotte François Auguste	1	50	d°
Damour Abel-Ernest	2	41	Rue Suffren, 17.
Damour Emile	2	26	Rue de l'Arsenal.
Damour Ernest	4	41	R. de la Boulangerie.
Damour Félix	2	44	Camp-Ozoux.
Damour Gustave, dit Andoche	4	44	Petite-Ile.
Damour Louis Camille	1	21	
Damour Louis Casimir	1	35	Rue Saint-Joseph.
Damour Martel Martel Louis Joseph	1	59	Rue du Conseil, 9.
Damour Pierre	3	47	Chaudron.
Damour René	1	33	Rue du Barachois.
Danclar Hyppolite	2	36	Camp-Ozoux.
Danglade Pierre	2	44	Providence.
Daniel Aglard	2	77	Rue Sainte-Anne.
Daniel Alexis Charlot	2	46	Rue Sainte-Marie.
Daniel Charles	1	52	Rue de la Réunion.
Daniel Lamélie	1	21	
Daniel Louis	1	31	R. Labourdonnais.
Dantoine Alfred	1	21	
Danton Jean Carpin	3	26	Sainte-Clotilde.
Dany Antoine	1	30	dito
Dany Eugène	2	29	C. Ozoux.
Daquin Louis	2	29	Rue Voltaire.
Darboul Aristole	1	21	

Darboul Charly	1	23	R. Compagnie.
Darcage Elie	1	21	
Dargencourt Arthur	4	59	Montagne.
Dargencourt Pierre Joseph	2	23	R. Dauphine.
Dargné Philogène	2	50	Saint-Jacques.
Darira Casimir	4	74	Montagne.
Darisy Alexandre	2	25	Camp Jacquot.
Darisy Arthur	1	39	R. la Compagnie, 137.
Darisy Emile-Joseph	2	29	R. Joseph-Hubert.
Darmès Edzir	4	45	Petite Ile.
Darné Félix	2	38	C. Ozoux.
Daroy Achille-Parfait	2	32	d°
Daroy Evariste	2	74	d°
Daroy Jean-Baptiste	2	30	Brûlé.
Daroy Paris	2	62	C. Ozoux.
Darpenon Paul Evenor	1	21	
Darvèze Albert	2	29	R. Voltaire, 57.
Dassonville Pierre-Bénoni	2	54	R. de Lafontaine.
Dassonville Valon	4	42	R. du Pont, 16.
Dassot Charles	2	29	R. Fénélon.
Datier Prosper	1	44	R. de l'Intendance, 7.
Datin Emile-François-Albert	1	21	
Dauny Pierre	2	30	R. de Lafontaine.
Dauphin Fortuné	1	26	Boulevard Lancastel.
Dauphin Pierre	1	74	R. de l'Embarcadère, 26.
Dauphine Ferdinand Henri	1	23	R. Barachois.
Dauphine Henri	1	50	R. du Conseil.
Dauphine Jean-Marie	3	48	Chaudron.
Dauphine Joseph-Henri	2	26	R. Barachois, 153.
Dauphiné Jean-Baptiste	2	50	R. Ste-Marie. 141.
Daussère Chéry	1	48	Boul. Lancastel, 25.
Daussère Félix	1	26	d°
Dauveryet Camille	1	21	
Dauza Gustave-Antoine	3	30	Chaudron.
Davance Emile-Auguste	2	36	R. Fénélon.
Daveine Achille	3	59	Rivière des Pluies.
David Eugène	2	45	Saint-François.
Davilmart Hippolyte	2	34	C. Ozoux.
Davoust Gustave	2	49	d°
Debord Janvier	4	77	Montagne.
Debrard Gervais	1	21	
Debras Auguste	2	32	Ruelle Boulo
Debray Jules	2	37	R. Arsenal.
Debry Théophile	2		Route Nationale.
Décembre Louis	4	71	Montagne.
Decler Pierre Ange	2	43	R. la Boucherie, 163.
Décombe Michel	2	49	R. Ste Marie.
De Cotte Eugène	1	31	R. Four à chaux, 32.
De Cotte Appolinaire	1	25	R. du Conseil, 27.
De Cotte Joseph	2	26	R. de la Source, 18.
Décotte Paul	2	79	Brûlé.
Dedan Benguely	2	59	R. Lafontaine, 69.
Deguigné Amédée	3	44	Rivière des Pluies.
Deguigné Charles-Marie-Joseph	3	43	Bois de Nèfles.
Deguigné Crescent	3	42	Rivière des Pluies.
Deguigné Eugène-Benjamin	3	38	d°
Deguigné Joseph-Saül	2	32	R. Mazagran.
Deguigné Saül	3	40	Rivière des Pluies.
Deheaulme Ant. Amédée-Victor	1	21	
Deheaulme Charles-Léon	1	49	R. du Rempart, 25.
Deheaulme Et. Marie Norbert.	1	21	
Deheaulme Frédéric	2	43	R. Saint-Denis, 16.
Deheaulme Justin	2	45	R. de l'Arsenal.
Deheaulme Paul	1	50	R. du Conseil.
Deheaulme Pierre	2	67	R. Saint-Denis, 16.
Deheaulme Vallombreuse-Pierre	2	46	Rue Dauphine, 132.

Dein Paul-Hilaire-Auguste-Marie	1	25	Place de l'Eglise.
Déjazet Fanchin	2	29	Butor.
Déjazet Victor	3	67	Sainte-Clotilde.
Dejean Stanislas-Candide	4	64	R. la Boulangerie 120.
Dejean de la Bâtie Ernest	1	28	Route Nationale, 295.
Dejean de la Bâtie Marie-Jean Henri	1	21	
Dejean de la Bâtie Marie Joseph-Jules	2	54	R. Sainte-Marie.
Dejouy Saint-Ange	2	42	Saint François.
Déla Pierre-Marlou	1	21	
Delacourt Charles-Hector	1	56	R. du Conseil, 58.
Delahaye Bazile	1	45	R. l'Embarcadère.
Delahogue père	2	70	Plaine Reydellet.
Delahogue Julien	1	35	Rue de la Réunion.
Delatour Ambroise Auguste	2	39	Rue Magallon.
Delaunay Théodore	1	31	R. Saint-Joseph, 64.
Delauzun Eugène	3	49	Chaudron.
Delauzun Eugène fils	3	27	Patates à Durand.
Delescouble Léon	2	34	R. de la Source, 38.
Delescouble Renoyal	2	46	d° 36.
Deleuze Alexis	1	64	R. de la Compagnie.
Deliac Jean Baptiste	1	36	Route Nationale.
Delie François	1	28	Rue de Paris.
Delisle Hubert Albert	2	34	R. de la Boucherie.
Delisle Hubert Alfred	2	43	R. du Rempart, 23.
Delisle Hubert Evenor Michel	2	28	R. de Lafontaine, 40.
Delisle Hubert Louis Julien Thomy	2	33	R. de la Source, 50.
Delisle Hubert Victor	1	30	Rue Saint-Joseph.
Delisle Hubert Ferdinand Victor Ernest	1	33	d°
Delisle Hubert Léon	4	26	Redoute.
Délisse Abraham Bruno	4	51	Impasse du Pont, 6.
Délisse Louis Adrien	1	21	Boulevard Lancastel.
Délisse Isaac Bruno	1	23	dito
Delmas Augustin	1	45	Rue de la Compagnie.
Delon Pierre	1	26	Rue Mazagran, 11.
Delon Patrice François Edouard	2	57	Rue de Caen.
Delor Janvier	4	74	Montagne.
Delpèche Arthur	4	66	dito
Delpèche Pierre	4	67	Quai Ouest.
Delpèche Victor	1	43	Rue de la Compagnie.
Delpha Adolphe	1		R. Réunion.
Delpha Hilaire	3	41	Chaudron.
Delpha Louis Jean	2	32	Rue d'Après, 39.
Delpha Melon	4	42	Quai Ouest, 32.
Delphine Henri	2	36	Rue Suffren, 8.
Delpit Alfred	1	55	R. de l'Eglise.
Delpit Armand	2	57	R. Dauphine, 135.
Delpit Louis Gabriel	2	22	Butor.
Delpit Paul Eugène	2	27	R. Dauphine, 133.
Delteil Arthur	1	40	R. Labourdonnais.
Delva Constant Joseph	2	26	Rue Dauphine.
Delval Alphonse	1	40	R. Labourdonnais.
Delval Emile	1	48	Rue du Barachois.
Delval Léon	1	23	Rue de la Réunion.
Delval Léonce	4	35	Montagne.
Delval Onésime	1	56	R. du Barachois, 50.
Delval Pierre Joseph	1	72	Rue du Conseil.
Denage Anatole	3	29	Chaudron.
Denage Ernest	3	23	Sainte-Clotilde.
Denage Florentin fils	3	39	dito
Denage Léon	1	48	Rue des Limites, 24.
Denage Nelson	3	41	Chaudron.
Denage Raymond	3	67	Chaudron
Denage Raymond fils	3	24	Sainte-Clotilde.
Denage Valery Porphyre	1	47	Rue de l'Est.
Denain Ernest	1	26	Rue de la Réunion.
Denain Victor	2	23	C. Ozoux.

Denamiel Lucien	2	43	Rue Suffren, 25.
Dencour Aristide	1	21	
Denec Thomy	2	44	Rue du Butor.
Dénéchaud Charles	1	41	Rue des Limites, 6.
Dénéchaud Prosper	1	48	R. de l'Embarcadère.
Denis Alphonse	2		Saint-François.
Denis Carrière	2		Rue Saint-Denis.
Denis Etienne	1	46	Camp Géner, 12.
Denis François	1	49	Boulevard Lancastel.
Denis Joseph	2	62	R. Saint-Jacques.
Denis Julien	1	30	Rue de la Compagnie.
Denis Julien Jean	1	21	
Denis Louis	2	52	Camp-Ozoux.
Denise Joseph	3	70	Rivière des Pluies.
Denisus Hyppolite dit Joseph.	3	67	Patates à Durand.
Denon Léon	2	38	Route Nationale.
Denton Eugène	1	21	
Départ Médor	2		Camp-Ozoux.
Déramond Jean Pierre Auguste	1	47	Rue de la Réunion.
Déric Valentin	2	64	Rue de Caen.
Déricourt Jean-Baptiste.	1	33	Boulevard Lancastel.
Dermont Fortuné	2	35	Rue de l'Arsenal.
Dermont Jean-Baptiste Julien	2	40	Rue de l'Arsenal.
De Roland de Rieul Alfred	2	32	R. du Conseil.
De Roland de Rieul Jules	2	41	R. Dauphine.
De Roland de Rieul père	4	61	R. de la Boulangerie.
De Roland Louis	4	24	R. de la Boulangerie
De Roland Pierre Marie Gervais	2	31	R. Saint-Denis.
Deron Pierre Jean	3	96	Patates à Durand
Deronce Maurice Jules	2	49	Butor.
Deroux Léon	2	39	Rue de Paris.
Derozin Aromate	2	89	C. Ozoux.
Dervillier Laurent	3	25	Chaudron.
Désaubin Ferdinand Rodolphe	1	28	Boulevard Lancastel.
Désaubin Léon Ernest	1	23	dito
Désaubin Paul Victor	1	21	
Desbets Louis Almanzy	2	49	Boulevard Doret
Deschamps Emile	2	66	R. Ste-Marie.
Deschamps Ferdinand Nicolas	1	47	R. Saint Joseph
Desclaux Laurent	2	24	Rue Lafontaine
Descombes Noël Henri	1	21	
Descombes Pierre	1	56	R. de la Réunion.
Descotte Désiré	2	60	R. Monthiou.
Descotte Désiré Janvier	2	35	dito
Descotte Thomy Augustave	1	39	R. Saint-Joseph.
Desgrave Frédéric Georges	2	24	R. Mazagran.
Deshayes Camille	2	67	R. du Conseil, 149.
Deshayes François Xavier Adrien	2	23	dito
Deshayes Ludovic	2	33	dito
Deshommes Charles	1	41	
Deshomme Louis Joseph	1	21	
Deshomme Decollard Eugène	2	46	Ruisseau des Noirs.
Désiré Charles	1	50	Boulevard Lancastel.
Désiré Ernest	1	32	R. de l'Est, 28.
Désiré Marie Monchéry	3	39	Ste-Clotilde.
Désiré Virginius	3	52	Rivière des Pluies.
Désirée Albert	1	21	
Desjardins Louis Adrien	2	21	Rue Sainte-Anne.
Desjardins Pierre	1	32	Route Nationale.
Desjardins Didier	2	58	B. Providence.
Desjardins Thomy	4	44	Impasse du Pont.
Despois Lafleur	2	71	C. Ozoux.
Despois Rostan Adrien	3	57	Chaudron.
Desprez Jean Guillaume	2	51	Rue Sainte-Anne.

Desruisseaux Advisse Camille	2	25	Rue de l'Arsenal.
Desruisseaux Elie	1	28	R. du Barachois, 91.
Desruisseaux Fortuné Advisse	2	54	Saint-François.
Desruisseaux Henri Léon	2		dito
Desruisseaux Hoareau-Henri	2	27	dito
Desse Simon	4	41	Montagne.
Destange Désiré	1	55	R. Intendance.
Destouches Charles Murgo	3	59	R. des Pluies.
Desventes Charles	2	57	C. Ozoux.
Desventes Jules	2	24	Rue la Fontaine.
Desvoges Pierre	4	54	Caserne, 5.
Dévallet Lespoir	3	58	Rivière des Pluies.
Deveau Louis	4	48	R. Boulangerie.
Dévenet Eugène	4	47	dito
Dévente Alfred	1	21	R. de l'Est.
D'Hauterive Emile-Marie	2	41	Rue de Caen.
D'Hauterive Périer-Montbel François	4	73	R. de la Boulangerie.
D'Hauterive Périer Francis François	4	41	R. de la Boulangerie.
D'Honpon Baptiste	1	21	
Dibert Emile	1	33	R. du Grand-Chemin
Didat Calixte	2	44	Rue Sainte-Marie, 3.
Didier Camille	2	36	Lataniers.
Didier Célestin, dit Suzanne	2	27	Rue Monthyon.
Didier Charles	2	77	Rue de Lafontaine.
Didier Dévoué	1	61	R. des Limites, 10.
Didier Frontin	1	74	R. de la Boucherie.
Didier François	2	31	Rue de Lafontaine.
Didier Frédéric	2	26	Brûlé.
Didier Gaillot	2	62	Rue Sainte-Anne, 32.
Didier Hilarion	2	75	Rue St-Bernard, 15.
Didier Hubert	2	54	Rue Saint-Denis.
Didier Jean, dit Suzanne	2	48	Rue Monthyon, 50.
Didier Pierre-Elie	2	44	Ruelle Pavée.
Didier Pierre	2	49	Rue St-Jacques, 35.
Didier Pierre-Noël	2	34	Rue Monthyon.
Didier Saint-Luce	2	28	R. la Boucherie, 155.
Dieudonné Jacques	1	61	Boulevard Lancastel.
Dieumerci Victor	4	28	R. de la Boulangerie
Dierx Fernand	1	30	Rue du Conseil.
Digalet Pierre	3	44	Sainte-Clotilde.
Dijon Jean-Ivelo	2	31	Rue Ste-Anne, 146.
Dilassert Vincent-Marie	4	31	Quai-Ouest, 5.
Dillac Adolphe-Pierre	4	46	Petite-Ile.
Dilliac René-Noël	4	28	d°
Dimanche Jean-Baptiste	2	46	Rue Montreuil, 17.
Dimanche Joseph	1	21	
Dimanche Lundi	2	57	Camp Ozoux.
Dimeriais Saint-Ange	1	50	Rue Four-à-Chaux.
Dimon Paul	3	69	Chaudron.
Dinaux Prosper	4	65	Montagne.
Dindon	4	61	d°
Dinos Adonis	2	62	Camp Ozoux.
Diodore Jean	3	37	Bois de Nèfles.
Diodore Victor	2	27	R. de la Boucherie.
Diodoren Pierre	1	21	
Diomat Pierre	2	54	Rue Sainte-Marie.
Dirieux Oscar	2	72	Rue d'Après.
Disouane François Adrien	1	21	
Dispot Pierre	1	26	Rue du Barachois.
Ditnert François-Xavier	2	31	Rue Lafontaine.
Dito Auguste	3	70	Sainte-Clotilde.
Dito Henri	3	23	d°
Doain Antoine	3	89	Patates à Durand.
Docité Cambronne	2	32	Rue Dauphine, 107.
Docité Henri	2	26	d°
Docité Jean-Baptiste	3		Chaudron.
Doin Nicolas	1	49	Rue d'Assas.

Doleau Casimir	1	38	Boulevard Lancastel.
Doliani Marius	2	37	Camp Ozoux.
Dolorès Pierre-Nanton	4	33	Petite-Ile.
Dolphin Jean-François	2	27	Brûlé.
Dolpin Jean-Baptiste	1	25	Rue du Rempart.
Domballe J.-B. Albert	1	24	Route Nationale.
Dombielle Emile	1		Place Gouvernement.
Domen Laurent	2	38	Rue Mazagran.
Domengé Jean-Martin	2	58	Rue Montreuil, 29.
Domengé Philippe	2	48	R. la Boucherie, 137.
Domenjod Albert-Marie-Rémy	2	25	Boul. la Providence.
Domenjod Charles	2	60	Rue Saint-Denis, 77.
Domenjod Marius	4	30	Petite-Ile.
Domenjod Stanislas	3	30	Rivière des Pluies.
Domière Auguste	3	63	Sainte-Clotilde.
Domina Charles	2	30	Plaine Reydellet
Domingue Dominique fils	2	29	Camp-Ozoux.
Dominique Joseph	2	21	Rue du Conseil.
Dominique P. Théop.-Adolphe	1	21	
Donat Alexandre	2	35	Rue Sainte-Anne.
Dor Frédéric	1	30	Rue de l'Eglise.
Dor Paul	2	70	Brûlé.
Dorceval Auguste Marcelin	1	21	
Dorgence Victor	2	52	R. du Bois de Nèfles.
Dorgival Auguste	1	21	Route Nationale.
Dorgival Benoit	1	39	Boulevard Lancastel.
Doriny Prosper	2	35	Rue Dauphine.
Dorimon Jean-Baptiste	4	26	Montagne.
Dorin Jean Baptiste	1		Route Nationale.
Dorin Pierre	2	43	Rue Montreuil.
Dorlay Alidor	2	60	Rue Bertin.
Dorlia Alidor	2	62	Saint-François.
Dorlin Henri	1	26	Rue de la Réunion.
Dorlin Octave	1	22	dito
Dormeil Arthur	2	49	R. Sainte-Marie.
Dormeil Jn-Marie-Divard	3	39	R. des Pluies.
Dorothée Jean-Baptiste	3	36	dito
Dorval Antony	2	41	R. du G.-Chemin, 25.
Dorval Guillaume	3	40	Sainte-Clotilde.
Dorville Henri	3	57	R. des Pluies.
Dosa Gustave Antoine	3	30	Chaudron.
Dosika Gustave	1	35	R. du Barachois.
Dosimont Auguste	2	48	R. Bois de Nèfles, 36.
Dosimont Auguste	4	26	R. de la Boulangerie.
Dosimont Evenor	2	44	R. Dauphine.
Dosimont Jean-Etienne-Henri	2		R. Bois de Nèfles, 32.
Dosimont Louis-Alfred	2	47	dito
Douane Charles	1	36	R. du Rempart, 9.
Douba Charles-Pierre-Marie	1	37	R. de la Réunion, 74.
Douce Marcelin	2	43	R. de la Source.
Doumergue André-Gabriel	1	53	Route Nationale.
Douvéryet Albert	2	30	R. Ste-Anne, 58.
Douville Mie. Ls. Gaston	1	21	
Douyère Duvernay	1	28	R. de la Compag., 140
Doxile Baba	4	57	Colline.
Doxile Emile	2	46	R. Ste-Anne, 89.
Doxile Joseph	2	31	R. du Bois de Nèfles.
Dracha Dimanche	4	78	Montagne.
Dragé Henri	3	74	Chaudron.
Dragon Caprice	1	62	R. de Paris.
Draguiam Adolphe	2	33	C. Ozoux.
Draguiam François	1	24	
Draguiam Pierre	2	22	C. Ozoux.
Draguignam Henri	2	31	R. Monthion.
Drapier Paulin	2	60	R. du Bois de Nèfles.
Drasin Augustave	1	25	R. des Limites.
Driane Garçon-Albert	2	33	R. Sainte-Marie.
Driane Garçon-Henri	1	37	R. de Paris.
Drina Henri	2	28	R. Joseph-Hubert.
Droit Julien	3	54	Ste-Clotilde.
Droma Félix	2	64	C. Ozoux.
Droman Pierre-Eugène	2	40	dito
Drosin Alidor	2	68	Ruelle Pavée.
Drosin Alidor-Jn-Baptiste	2	40	Bois de Nèfles.
Drosin Emile-Lina	2	43	Saint-François.
Drosin Ernest	1	31	dito
Drosin Ferdinand	2	23	R. Dauphine.
Drosin Olivier	1	31	R. Saint-Joseph.
Droubet Albert	2	34	R. Saint-Joseph.
Drouhet Eugène-Athanase	1	56	R. de la Compag., 148
Drouhet Henry	2	23	R. Saint-Joseph.
Drouhet Joseph-Théodore	4	41	R. de la Boulangerie
Drouhet Julien-Théodore	2	61	R. Saint-Joseph.
Druide Louis Adrien	1	27	Rue de la Compagnie.
Dubail Victor	2	31	Rue Lafontaine.
Dubédat de Lannegrand-Adrien-Jh-Marie	4	33	Petite Ile, 20.
Dubédat de Lannegrand Raymond	1	27	R. de la Réunion.
Dubelvédère Joseph	1	39	R. de la Boucherie
Dubernat Louis	1	45	Rue St-Joseph.
Dubert Louis-Marie	3	29	Chaudron.
Dubois Bernard	2	48	Camp Ozoux.
Dubois Charles-Lucien	1	36	Rue de Paris, 36.
Dubois Fortuné	2	30	Camp Ozoux.
Dubois François	2	50	d°
Dubois Frédéric	2	55	Camp Ozoux.
Dubois Jh. Edouard Guinet	1	21	
Dubois Louis	2	53	Camp Ozoux.
Dubois Victor	2	52	d°
Dubois Hardy Antoine	2		Rue Lafontaine.
Dubourd Eugène	1	47	R. de la Compagnie.
Dubourg Albert	4	33	R. la Boulangerie, 29
Dubourg Edouard	2	54	Rue Mazagran.
Dubourg Charles-Paul	4	34	Impasse du Pont.
Dubourg Claude-Bernard	2	69	C. Ozoux.
Dubourg Jacques-Albert	2	34	Camp Ozoux.
Dubourg Jacques-Ferdinand	4	57	Petite Ile.
Dubourg Louis-Ed.-Victor	2	27	C. Ozoux.
Dubourg Louis-Evenor	1	21	d°
Dubourg Paul-Emile-Auguste	2	28	d°
Dubras Edouard	1	21	d°
Dubuisson Adrien	2	79	R. de l'Arsenal, 140
Dubuisson Albert	2	40	R. St Joseph, 124
Dubuisson Edouard	2	35	d° d°
Ducap Alfred	1	27	Route Nationale, 199
Ducasse Antoine	2	58	R. Saint Philippe
Ducasse Ernest	2	39	C. Ozoux.
Ducasse Ferdinand	2	36	C. Ozoux
Ducasse Jules	2	24	Au Lycée.
Ducastaing Ferdinand	2		Saint François.
Ducelie Elie-Jean-Baptiste	2	43	Butor
Ducercle Edouard	2	56	R. Sainte Marie.
Duchatel Alexandre	2	48	R. Monthyon, 27
Duché Edouard	1		Rue du Barachois.
Duchêne Furcy	2	43	C. Ozoux.
Duchêne Gustave	2	23	d°
Duchêne Thomy	2	34	Rue Saint-Denis.
Ducille Etienne-Julien	2	34	Camp Ozoux.
Ducilo Achille	2	75	C. Ozoux.
Duconte Antoine	4	37	R. Amelin, 6.
Ducroisy Charles	2	46	R. Monthyon.
Ducroisy Huet	2	32	Route Nationale, 384
Ducroisy Montrose Joseph	2	44	Rue Ste Marie.
Dufaut Pierre	2	34	R. Saint-Denis.
Duffaut Raymond	1	47	Rue de l'Est, 3.
Dufiol Paul	2	28	Camp Jacquot.
Dufouine Saint-Ange	2	40	Saint-François.
Dufour Alfred	2	42	R. Ruisseau des Noirs

Dufour Célestin	1	40	R. St-Joseph.
Dufour Ferdinand	2	27	R. Lafontaine.
Dufour Ferdinand	2	48	C. Ozoux.
Dufour Fernand	1	44	R. du Barachois, 66
Dufour Jules	2	43	St-François.
Dufour Paul	4	58	R. Boulangerie.
Dufour Théodore	1	49	R. Barachois, 15.
Dufresne François	2	39	Lataniers.
Dufresne Furcy	2	59	Route Nationale.
Dugain Furcy-Casimir	4	30	Grande Chaloupe.
Dugain Ferdinand	4	50	Montagne.
Dugain Ferdinand fils	4	23	d°
Dugain Louis	4	28	d°
Dugain Pierre François	4	29	d°
Dugand Désiré J.-Baptiste	2	54	R. Ste-Anne, 11.
Dugand Thierry Désiré	2	24	R. Sainte-Anne.
Duglomet Laurent	2	53	R. Sainte-Marie.
Duhau de Laborde Charles	1	58	R. la Réunion.
Dulac Charles Ferdinand	4	58	R. de la Boulangerie.
Dulac Charlot	2	36	Providence.
Dulac Jean-Baptiste	2	29	Rue Saint-Denis.
Dulaire Furcy	2	64	Camp-Ozoux.
Dulon Avril	3	73	Rivière des Pluies.
Dumantier Abélard	2	43	Rue Ste-Marie
Dumec Lamour	2	45	R. Gd.-Chemin, 40.
Dumeinier Saint-Ange	2	25	R. Liancourt.
Dumelon Pierre	3	36	Chaudron.
Dumelon Victorine	3	42	Chaudron.
Duménil Bélicourt Ferdinand	1	30	R. Rontaunay, 76
Dumesgnil d'Engente Emil°	1	42	R. de la Compagnie.
Dumesgnil Gustave	2	30	Lataniers
Dumolard Albert	1	26	Route Nationale.
Dumolard Charles	2	42	Ruelle Pavée.
Dumolard Eugène	2	32	R. des Limites.
Dumolard Léopold	2	35	Ruelle Pavée
Dumolet Imbault	3	53	Chaudron.
Dumont André	2	34	Rue Reydellet
Dumontant Abélard	1	42	Boulevard Lancastel.

Du Mouza Hyacinthe Augustin	4	63	R. du Pont.
Dunec Henri	1	34	R. du G.-Chemin.
Dunef Edmond	4	32	Petite-Ile
Duomé Paul	1	31	R. du G.-Chemin, 303
Duovin Théodore	3	34	Chaudron.
Duparc Boulley Jules	2	35	R. du Barachois.
Duparchy Jean-François-Edouard	1	62	R. des Sables.
Duparchy François-Jean	2	23	R. Sainte-Marie, 1.
Dupérier Etienne	2	38	R. de Paris.
Dupont Albert	2	23	R. de la Source.
Dupont Ange	1	49	Route Nationale.
Dupont Valery	3	25	Rivière des Pluies.
Dupouy Joseph-Eugène	2	75	R. du Conseil.
Dupuis Alfred	1	48	R. de l'Eglise.
Dupuis Edouard	1	54	R. de la Comp. 106.
Dupuis Furcy	2	53	R. D'Après
Duquesne Etienne	2	42	R. des Limites, 90.
Durand Aristide	2	29	R. Sainte-Anne, 96.
Durand Jean-Denis	2	56	Rue Dauphine.
Duranger Gustave	2	37	R. de l'Embarcadère.
Duranger Pierre Louis Noël	2	60	R. de la Boucherie.
Duranton Ernest	1	48	R. de la Réunion 119.
Durban Paulin	2	51	R. Suffren.
Dureau de Vaulcomte Paul	2	39	R. Ste-Marie.
Durier Eugène	2	33	R. Lafontaine.
Duriveau Augustin	1	21	
Duriveau Ernest	3	51	Patates-à-Durand.
Duronéa Jules	3	37	Chaudron.
Durozat Jean	2	40	R. Rempart.
Durut Jean Sélie Auguste	1	52	R. de la Boucherie.
Dutié Frédéric	2	30	R. de la Source
Dutoc Eugène	1	61	Boulevard Lancastel.
Du-Trévou K/soson	2	54	R. de la Boucherie.
Duval Antoine	2	22	Rue Monthion.
Duval Lubin	2	37	R. Saint-Denis.
Duvenet Pierre	2	54	R. Ruisseau des Noirs
Duvernay St Ange	2	57	Lataniers.

E

Eaubelle Pierre Alfred	1	32	R. du Grand-Chemin.
Echernier Hippolyte	2	56	Rue de l'Arsenal.
Ecornier Charles	3	46	Rivière des Pluies.
Ecornier Henri fils	3	44	dito
Edelbert François.	4		Montagne.
Edgard Louis	1	24	Rue des Limites.
Edicla Etienne.	2	44	Rue Suffren, 14.
Edmond François	4	58	R. de la Boulangerie.
Edmond Paul	3	70	Sainte-Clotilde.
Edmond Thom fils	2	29	Rue Saint-Denis.
Edon Bruneau	3	61	Chaudron.
Edsy Patrice	2	62	R. St-Jacques, 31.
Edvard Alfred	1	40	Rue de la Boucherie.
Egérie Antoine	2	36	Rue Fénélon
Egérie Jules Gilbert	2	32	Rue Bertin.
Egide Numa	2	64	Rue Sainte Marie.
Eginard Joseph	1	57	R. Grand-Chemin.
Eléonore Charles	1	64	R. Conseil, 78.
Eleuther Eugène	2	28	R. Voltaire.
Eliciano Ludovic	2	26	Rue de Caen
Elie Pierre Louis	4	51	R. de la Boulangerie.
Elie Pierre Louis	1	52	Rue Grand-Chemin.
Elie Saint-Ange	2	35	Rue de la Boucherie
Elisa Auguste	2	48	Rue d'Après.
Elisabeth François Etienne	1	21	
Elise Cyprien	4	49	R. de la Boulangerie.

Elise Jean Baptiste	2	53	Rue Monthion.
Elisée Edouard	1	61	Rue de l'Est.
Eliska Victor	1	36	Route Nationale, 259.
Elivron François	1	21	Rue du Barachois
Elivron Louis Marie	1	52	Rue de Paris.
Elize Alexis	2	48	Camp Ozoux
Elphège Joseph	2	54	R. du Grand-Chemin
Elphège Pierre	1	21	Rue des Limites
Eluion Emile	3	22	Sainte-Clotilde.
Emart Alexis	2	37	Rue du Conseil
Embelle Fernand	1	21	
Emeraude Furcy	1	45	R. de la Compagnie.
Emery Louis René	2	42	Butor
Emery Prosper	3	29	Sainte-Clotilde.
Emile Pierre	1	51	Rue Barachois.
Emilien Emile	2	57	R. Mazagran.
Emmanuel Jean	3	31	Rivière des Pluies.
Emmanuel Richard	3	33	dito
Empereur Auguste	2	49	C. Ozoux.
Emy Auguste	1	43	Rue du Barachois.
Enault Louis	4	58	R. de la Boulangerie.
Epernay Victor	4	38	Petite-Ile.
Epiphane Antoine	2	23	Rue Monthion
Epinay (d') Adrien	2	47	Rue Sainte-Marie.
Equignol Jean Louis	2	63	C. Ozoux.
Eranthème Léon	1	21	

Erard Benjamin	2	31	Au Lycée.
Erard Octave	2	34	Rue Saint-Denis, 64.
Erasme Edouard	1	21	
Erasme Jean-Baptiste	2	59	Ruisseau des Noirs.
Eraste Charles fils	1	42	Rue des Limites.
Eraste Charles	1	63	Rue de l'Est, 6.
Eraste Evenor	1	32	dito
Eraste Julien	1	36	Rue de l'Est.
Erèbe Charles	3	60	Sainte Clotilde.
Erima Adolphe Miréa	1	33	Boulevard Lancastel.
Ermanet Louis	2	49	Rue d'Après.
Ernauld Marius	1	21	
Ernest Joseph	2	30	Rue Colbert.
Ernold Jules	2	50	R. Amédée Bédier.
Ersélie, dit Tarenne Alexandre	2	36	R. de la Boucherie.
Escudié A^ne. d'Agénor Asthon	1	21	
Esménard (d') Alfred	2	56	Rue de Paris, 105.
Escudier Joseph Augustin	2	58	Rue Saint-Denis.
Esparon Pierre Noël	1	51	R. de la Réunion.
Esparon Rodolphe	2	24	R. Ruisseau des Noirs
Esselin Anatole	3	67	Patates à Durand.
Estau Fortuné	1	34	R. du Four-à-Chaux.
Estelle Joseph	2	27	Rue Voltaire.
Estelle Louis Marie	3	34	Chaudron.
Esther Eugène	4	31	R. de la Boulangerie.
Ethève Blaise	2	76	Rue Liancourt.
Ethève Charlemagne	2	26	Rue Saint-Denis.
Etienne Alexandre	4	39	Montagne.
Etienne Joseph	2	23	Rue Saint-Bernard.
Etienne Louis	2	63	dito
Etienne Louis fils	2	28	dito
Etourneau Salamine	2	69	Lataniers.
Eucrate Augustin	2	21	C. Ozoux.
Eudes Augustin	1	21	
Eugène Adolphe	1	28	Route Nationale.
Eugène Armand	3	48	Bois de Nèfles.
Eugène Jean-Baptiste	1	23	Rue Intendance.
Eugérie Casimir	3		Rivière des Pluies.
Eulalie François Marcel	1	21	
Euphémie Charles	3	48	dito
Euphrasie Albert François	1	26	Rue de l'Eglise
Eustache Henri	4	41	Rue de la Digue
Euzèbe Joseph	2	74	R. Dauphine.
Evard Alfred	2	32	dito
Eve Louis Marie	2	39	Ruisseau des Noirs.
Eveton Charles	2	49	Rue Sainte-Marie.
Eviel Julien Etienne	1	21	
Evitan Alidor	2	27	Rue Saint-Philippe.
Evrine Julien	1	30	Rue de l'Est.

F

Fabrègue François	3	32	Sainte-Clotilde.
Fabriquier François	2	72	St-François.
Fagotin André	1	41	R. Labourdonnais 75.
Faisservice André	2	28	Camp Ozoux.
Faldon Paul	2	23	Rue de la Boucherie
Falte Antony	1	29	R. des Limites, 22.
Fanca Léveillé	3	70	Rivière des Pluies.
Fanchin Arthur	4	39	Rue de la Boulangerie
Fanchin Hippolyte	2	22	R. Amédée Bédier.
Fanchin Jean-Baptiste	1	38	Boulevard Lancastel.
Fanchin Joseph	2	33	C. Ozoux.
Fanchin Julien	1	21	
Fanchin Joseph Arthur	1	21	
Fanchin Léopold	3	29	Rivière des Pluies.
Fanchin Pierre-Jules	2	41	C. Ozoux.
Fanélie Paul-Henri	2	46	Route Nationale.
Fanon	2	62	Lataniers.
Fanor Louis	1	81	R. du Barachois.
Fanor Pierre	2	61	R. Monthion.
Fanot Félix	2	60	Providence.
Fanot Joson	2	60	d°
Fantaisie Charles	2	30	C. Ozoux.
Fantaisie Jean-Baptiste	4	60	Montagne.
Fantaisie Joseph	2	92	R. Monthion.
Fantaisie Joseph-Paul	1	25	Boulevard Lancastel.
Fantaisie Louis	2	30	Camp Ozoux
Fantaisie Paul	1	62	Boul. Lancastel.
Fardier Auguste	4	50	Ruelle Amelin.
Fardier Augustin	1	21	R. des Sables, 43.
Fardier Paul	2	42	R. Sainte-Marie.
Fardier Philogène fils	1	48	R. des Sables.
Fardy Albert	1	21	
Faré Hilaire	3	42	Rivière des Pluies.
Fareau Joseph	1	49	R. des Limites.
Fargeot Joseph	2	25	C. Ozoux.
Fargeot Louis-Alphonse	1	21	
Fargeot Plutarque-Louis-Marie	4	49	Atelier colonial.
Farine Raoul	3	68	Chaudron.
Farla Auguste	4	43	Quai Ouest.
Farpé François	1	21	
Farsa Léopold	1	21	
Fa-Sol Rémy	2	64	Ruelle Reydellet.
Fatime Aristide	4	49	Ruelle Amelin.
Faublas René	3	43	Chaudron.
Fauchard Jules	4	47	Petite Ile.
Fauchard Adolphe	4	50	R. de la Boulangerie.
Fauchard Charles	2	49	Saint-François.
Fauchard Charles	1	21	
Faucourt Adolphe	3		Chaudron.
Faudon Joseph	2	25	Lycée.
Faurot Bernard	2	53	Camp-Ozoux.
Fauvin Albert-Jules	2	37	R. de l'Arsenal.
Fauvin Auguste	1	28	R. du Grand-Chemin.
Fauvin Gustave	2	52	R. de l'Arsenal 90.
Fauvin Julien	1	23	Route Nationale.
Faveral Michel	1	44	R. des Limites, 10.
Faverat Joseph	2	35	R. Lafontaine.
Favier Christophe	2	59	R. de l'Arsenal, 98.
Favier Hippolyte	1	29	Rue Labourdonnais.
Favreau Ernest	2	43	Lataniers.
Fayard Emile	1	44	R. de la Réunion.
Fayet Edouard-Jean	1	26	R. de Paris.
Fayol Adolphe-François	2	56	C. Ozoux.
Fayol Paul	1	32	Boulevard Lancastel.
Fayollat Victor	1	37	R. de l'Est.
Fèbre Jules	1		R. Moulin à Vent
Feillet Charles-Adolphe	1	47	R. l'Embarcadère.
Felin Jean-Bart	4	50	Montagne.
Félix Alphonse	4		Quai Ouest, 72.
Félix Cyrille	1	35	R. de l'Est.
Félix François	2	35	C. Ozoux.
Félix Gabriel	2	47	R. Voltaire, 10.
Félix Jean-Thimothée	1	35	R. Rempart, 3.
Félix Paul	1	47	R. l'Embarcadère.
Félix Théodore	4	28	R. de la Boulangerie.

Félix Mathieu	1	34	R. de la Compagnie.
Fénelon Henri	3	46	Patates à Durand.
Fénelon Jean-Prospère	1	21	
Feraud Elie	2	22	R. Sainte Anne.
Ferdinand Auguste	1	30	Rue St-Joseph, 96.
Ferdinand Charles	2	52	Rue Saint-Bernard
Ferdinand Charles Albert	2	24	dito
Ferdinand Edmond	4	32	Rue de la Boulangerie
Ferdinand Eugène	2	32	R. Dauphine, 28.
Ferdinand Luce-Amédée	2	31	Rue Ste-Anne, 32.
Féréol Georges	2	22	R. Dauphine, 35.
Féréol Jean-Marie-Joseph	2	62	Rue de Caen.
Féréol Jules Adolphe Laurent	1	21	
Férinon Joseph-Auguste	1	31	Rue St-Joseph, 26.
Férito Joseph	3	37	Rivière des Pluies.
Fermel Abel	2		Rue de Caen.
Féron Amand	1	29	R. de l'Embarcadère.
Féron Dufresne Aristide	2	42	R. Ste-Marie, 140.
Féron Laurent	3	53	Rivière des Pluies.
Féron Pierre	4	51	Rue des Limites.
Féron Ulric	2	48	Rue de l'Arsenal.
Féroum a	4	77	Montagne.
Féroum Albert	4	22	Montagne.
Fernandez Joseph-Ernest	1	21	
Ferrand Henri	3	69	Chaudron.
Ferrand Jean Jules	4	40	Petite-Ile.
Ferrando Louis Francisque Napoléon	1	25	Route Nationale, 179.
Ferretto Thimothée	3	44	Bois de Nèfles.
Ferrières Charles-Henri Guy (de)	2	46	Boulevard Doret.
Féry d'Esclands André	2	31	Rue Poivre.
Féry d'Esclands Louis	2	68	Rue Mazagran.
Feuardent Marie-Oscar Eugène (de)	4	42	Quai Ouest.
Févion Désiré	3	43	Sainte-Clotilde.
Févion Marcel	1	46	Boulevard Lancastel.
Février Edmond	2	45	R. Ste-Anne, 58.
Ficher Edouard	3	30	Patates à Durand.
Fidèle Charles	4	39	Rue de la Boulangerie
Fidèle Jean Denis	4	28	Rue du Pont
Fidèle Julien	2	24	R. Sainte-Marie, 69
Fidélité Nital	2	46	Rue Mazagran.
Fiérelly Charles	2	42	C. Ozoux.
Figure Gaspard	1	41	R. l'Embarcadère.
Filange Philogène	3	38	Sainte-Clotilde.
Filet Théodore	1	21	
Filo Jean Baptiste	2	44	Rue d'Après.
Fin Joseph Monpré	3	31	Rivière des Pluies.
Finaud Aimé	2	38	R. St-Joseph, 163.
Finet Edouard	4	54	Montagne.
Finet Emmanuel	4		d°
Finet Jean Sprenger	1	21	
Finet Léo	2	35	C. Jacquot.
Finet Pierre-Jean-Marie	2	27	d°
Flambé Achille	2	62	C. Ozoux.
Flambé Achille fils	2	27	d°
Flavien Luc	3	44	Rivière des Pluies.
Fléchi Eugène	4		Petite-Ile.
Fleurié Félix	4	37	Rue des Moulins.
Flocourt Julien	1	33	R. de la Réunion.
Florance Henri	2	25	R. du Conseil, 171.
Flore Alfred-Marie	2	49	Rte Nationale, 318.
Flore Augustave	1	21	
Flore Jean-Alfred	1	21	
Florence Auguste	2	62	Rue des Limites.
Florentin André	2	35	R. Ste-Marie, 77.
Florentin Ernest	2	46	C. Ozoux.
Florentin Joseph-Marcy	1	21	
Florian Charles Arthur	2	49	Rue Bouvet, 143.
Florian Ernest	2	44	R. Jacob.
Florian Joseph	3	42	Bois de Nèfles.
Florian Jules	3	36	R. du Grand-Chemin.
Florian Louis	3	35	Bois de Nèfles.
Florian Pierre	2	56	R. Monthion.
Floricourt Aristide	2	39	Rue Sainte-Marie.
Floricourt Edouard	3	46	Chaudron.
Floricourt Gabriel Antoine	2	21	R. Ste-Marie.
Florimont François	2	27	R. du R. des Noirs.
Florimont Georges	2	25	Rue St-Joseph.
Florin Henri	1	38	Rue de l'Est.
Florin Martin	2	47	C. Ozoux.
Florin Pierre	1	21	
Florin Pierre-François	3	61	Patates à Durand.
Florine Eugène	3	29	Chaudron.
Florine Jean Baptiste	1	12	
Florine Jules	3	56	dito.
Floris Jean-Baptiste	2	40	Rue Ste-Marie, 155.
Floris Lanète David-Jean-Baptiste	2	55	R. de la Source.
Florival Charles	2	30	R. de l'Arsenal.
Flosy Eugène	4	44	Petite-Ile.
Flouchip Pierre	1	21	
Focard Eugène Volcy de Fontefiguières	2	60	Rue Sainte-Marie.
Focard Laurent de Fontefiguières	2	52	Rue Saint-Denis.
Foignet Paul	2	59	Rue du Barachois
Folbois Furcy	3	51	Sainte-Clotilde.
Folgoat Eugène-René	2	43	R. Monthion, 11
Foliguet Alexandre	1	44	R. du Barachois.
Fomboise Charles	1	39	Rue Four à Chaux.
Fondaumière Arthur	1	47	Route Nationale.
Fondaumière Derly	4	62	Montagne.
Fondaumière Emile (de)	2	37	Rue de Caen.
Fondaumière Henri Fabien Quive	4	25	Montagne.
Fondaumière Hyacint. (de)	2	25	R. de Caen.
Fondaumière Joseph (de)	3	61	Rivière des Pluies.
Fondaumière Julien	1	36	Rue de l'Est, 65.
Fontaine Hippolite Durempart	2	43	Rue Jacob.
Fontaine François	4	49	R. de la Boulangerie.
Fontaine Frédéric Auguste	1	21	
Fontaine Jules Ferdinand	1	39	Rue du Gd-Chemin.
Fontaine Louis-Crescent	3	33	Rivière des Pluies.
Fontaine Onésime	2	49	R. Saint-Denis
Fontaine Torville	1	21	
Fontaine Victor	3	47	Rivière des Pluies.
Fontalbat Isidore	2	72	Rue du Conseil
Fontalbat Joseph dit Brutus	1	43	R. du Barachois.
Fontalbat Louis-Alidor	1	26	d°
Fontenet Xavier (de)	1	24	R. de la Réunion.
Fontonin Polycarpe	1	43	R. Moulin à Vent
Fonvil Coutic	1	55	R. du Grand-Chemin.
Forcery Désiré	3	23	Rivière des Pluies.
Forlindon Pierre dit Poire	2	77	C. Giron.
Formant Anatole	2	40	Camp-Ozoux.
Fort Louis	2	53	d°
Fortin Ambroise	1	74	R. de la Compagnie.
Fortin Manique	2	39	R. Suffren, 14.
Fortin Manique-Martin	2	52	d°
Fortuné Arnold	4	56	R. de la Boulangerie.
Fortuné Florentin	2	37	Camp-Giron.
Fortuné Jean-Baptiste	2	40	Rue Suffren.
Fortuné Joseph	2	39	Rue Sainte-Marie.
Fossard Augustin	4	27	Ruelle Amelin
Fossard Jules	2	41	R. Grand-Chemin.
Fossé Victor	4	31	R. de la Boulangerie.
Foucault Edouard	3	53	Rivière des Pluies.
Foucault Jean-Baptiste-François	2	24	R. Saint-Jacques.
Foucault Joseph	3	28	Rivière des Pluies.
Foucault Saint-Ange	2	38	R. des Limites.

Foucque Victor	2	49	R. de Paris, 103.
Foucquel Jean-Pierre	2	45	Rue Saint-Denis.
Foulon Evenor	2	35	R. Malartic.
Foulpointe Amédée	2	33	Camp-Giron.
Foulpointe Gustave	1	46	Boulevard Lancastel.
Foulpointe Justin	1	41	d°
Fouquet Joseph	1	25	R. Labourdonnais.
Fouquet Paul	1	27	R. Labourdonnais.
Fouquet Thomy	1	50	d°
Fourcade Léon	1	23	R. de la Compagnie.
Fourcade Victor	1	25	dito
Foureau Bernard	2	49	Camp-Ozoux.
Fourgerais Charles-Joseph	1	21	
Fourlaire Elie	3	44	Patates à Durand.
Fournier Charles	3	33	Chaudron.
Fourreau Armand	3		R. de la Boulangerie
Frack Grégoire	3	31	Rivière des Pluies.
Fradelin Michel	2	53	R. de la Source.
Frageot Alidor	2	34	R. Bertin.
Franc Hippolyte	2	51	R. Dauphine, 80.
France Jean	1	53	
Francheville Furcy	2	44	Rue Ste-Marie.
Franchin Auguste	1	52	R. l'Embarcadère.
François Alfred	4	35	R. de la Boulangerie.
François Ernest	4	40	Rue de la Digue
François Gustave	1	68	R. de la Réunion.
François Isidore	2	44	R. St-Jacques.
François Joseph	1	30	Boulevard Lancastel.
François Joseph-Auguste	3	28	Rivière des Pluies.
François Louis-Aristide	2	27	Rue Voltaire.
François Louis-Joseph	3	39	Rivière des Pluies.
François Marie-Joseph	2	23	R. St-Jacques.
François Paul	2	39	R. Lafontaine
François Paul	2	32	R. de Caen.
François Pierre	2	54	Brûlé.
François Pierre	3	65	Patates à Durand.
François Thomas	1	40	Rue Saint-Paul
François Victor	2	34	St-François.
Françoise Charles	1	51	R. Labourdonnais
Françoise Charles Camille	1	21	
Françoise Jean-Baptiste	1	21	
Françoise Jules	2	46	Rue Amédée Bédier
Françoise Louis	2	53	Rue Monthion
Françoise Pierre	3	67	Patates à Durand.
Frankel Achille	3	58	Rivière des Pluies
Frappé Guillaume	1	24	R. de l'Eglise.
Frappier de Montbenoit-Victor	2	51	R. du Grand-Chemin.
Frasy Augustin	1	21	
Frasy Joseph père	2	51	R. Sainte-Anne.
Frasy Paul	2	54	R. Sainte-Marie.

Frédéric Alfred	2	35	R. Sainte-Anne.
Frédéric Eugène	1	37	Ruelle Cimetière.
Frédéric Jean-Pierre	2	51	Rue Montreuil
Frédéric Marie	3	30	Chaudron.
Frédéric Pierre-Henri	1	29	R. de la Réunion, 93.
Frédéric René	2	31	R. du Bois-de-Nèfles.
Frégence Jean	2	50	St-François.
Frénaud Clairville	3	49	Rivière des Pluies.
Fréon Auguste	2	29	Route Nationale.
Fréon Félix-Frédéric	1	38	Rue de l'Est.
Fréon Gabriel	1	36	R. des Limites.
Frétet Eugène-Pierre	1	39	R. de l'Embarcadère.
Frias Joseph	1	27	R. du Barachois.
Fricourt Célerin	2	58	R. Bois de Nèfles.
Froidenord Jules	2	36	Brûlé
Frontice Julien	3	52	Bois de Nèfles.
Frontin Urbain	2	68	R. Dauphine.
Frost Crescent	3	47	Rivière des Pluies.
Frost Eugène	3	47	d°
Frumence Félix	4	30	Rue des Moulins.
Fruteau Ernest	1	35	R. de Labourdonnais.
Fruteau Jacques	2	49	R. du Grand-Chemin.
Fruteau Sylvestre	1	32	R. Labourdonnais.
Fugier Joseph-Lucien	1	21	
Fugitif Louis	1	21	
Fulgence Antoine Charles	4	21	Rue de la Boulangerie
Fulgence Boul-Joseph Alexandre	2	31	Route Nationale.
Fulgence Michel	3	83	Chaudron.
Fumadelle Ernest	2	43	R. de l'Arsenal.
Fumeron Henri	2		R. Saint-Denis
Funold Armand	2	52	R. des Limites.
Funold Armand fils	2	28	R. Joseph-Hubert.
Furcy Achille	2	44	R. de Lafontaine.
Furcy Adolphe	2	47	Rue Dauphine.
Furcy Auria Iron	2	44	C. Ozoux.
Furcy Charles-Henri	2	21	R. Ste-Anne.
Furcy Charlot	1	49	R. du Grand-Chemin
Furcy Fortuné	2	43	R. Ste-Anne.
Furcy Frédéric	1	29	R. du Grand-Chemin.
Furcy Horace	2	29	R. Ste-Marie.
Furcy Jean-Baptiste	1	50	Route Nationale.
Furcy Jules	3	62	Chaudron
Furcy Louis Alcide	1	21	
Furcy Louis Toussaint	3	30	Rivière des Pluies
Furcy Louis Toussaint	3	26	d°
Furcy Numa	4	65	Montagne.
Furcy Richard	2	61	C. Ozoux.
Furia Thomas	3	40	Rivière des Pluies.
Furieux Jean	2	51	Rue Saint-Denis
Furlin Némorin	2	28	Route Nationale.

G

Gaarrèse Charles (de)	1	30	Rue du Barachois.
Gabaïl Maurice	3	66	Chaudron.
Gabaïl Jean-Baptiste	3	36	Sainte-Clotilde.
Gabaïl Launy-André	3	59	Rivière des Pluies.
Gabaret	4	69	Petite Ile
Gabaret Bernard	3	45	Bois de Nèfles.
Gabaret Joseph	4	47	Petite Ile, 14.
Gabrié Benjamin Bruno	1	21	
Gabrié Gustave-Adolphe-L.-Marie	2	26	Rue de l'Arsenal.
Gabriel Félix-Prudent	3	49	Chaudron.
Gabriel Jules	1	40	Boulevard Lancastel.
Gabriel Pierre	2.	51	C. Ozoux.

Gacougnolle Adolphe			
Gaëtan Adolphe	3	21	Rivière des Pluies.
Gaëtan Fanchin, dit Tercio	3	49	dito
Gaëtan Gustave	1	42	Rue de la Réunion.
Gagné Lespoir	4	41	Montagne.
Gagneur Eugène	2	25	Lycée.
Gagneur Félix	2	52	Ruelle des Jésuites.
Gagneur Joseph	2	27	d°
Gagneur Louis	2	41	R. Sainte-Marie.
Gaillande Adolphe de	2	47	Rue Monthyon.
Gaillande Alfred de	4	41	R. de la Boulangerie.
Gaillande Ernest de	4	44	Rue de la Digue, 7.

Gaillande Léopold Eugène-Marie	4	39	R. de la Boulangerie.
Gala Jules	1	46	R. de la Compagnie, 6
Galaté Pierre	2	41	Rue Bertin.
Galba Pierre-Emery	1	24	R. du Barachois.
Galissiaz Xavier	1	30	Rue de l'Est.
Gallet Marie-Paul-Emile-Charles	1	29	Rue du Rempart.
Galopine Augustin	4	33	Ruelle Amelin.
Gamby Armand	2	28	Ruelle Pavée.
Gamby Augustin	1	21	
Gamby Léon	2		dito.
Gamby Victor	1	21	
Gamin Léon	2	35	R. Labourdonnais.
Gamin Léopold	1	57	R. de la Compagnie 50
Gand Frédéric	1	46	Rue Labourdonnais.
Gandolphe Raoul	2	29	Rue de la Source.
Ganelon Ferdinand	1	56	R. du Rempart, 9.
Ganelon Georges	1	21	
Gangarou Edmond-Valentin	2	45	C. Ozoux.
Gannela	1	72	R. du G-Chemin.
Ganofsky Louis	4	36	R. de la Boulangerie.
Gansler Julien, dit Béqué	1	42	R. des Limites, 32.
Gantalou Auguste	2	29	Route Nationale, 226.
Gantho Thomy	2	45	R. Ste-Marie, 111.
Garcin Emile	2	44	R. Sainte-Anne.
Garçon Alphonse	1	42	Rue de l'Est.
Garçon Etienne J. Baptiste	4	30	Petite Ile.
Garçon Jean Luce	2	51	R. du Bois de Nèfles.
Garçon Jurien	1	21	
Garçon Victor Octave	1	21	
Gardien Alexandre-Armel-Mounier	3	48	Chaudron.
Gardilane Lazard Malino	1	33	
Gardin Philidor Henri	1	51	R. du Gd-Chemin, 157
Gardot Alfred	2	53	R. Amédée Bédier.
Gargouya Joseph	2	39	Camp Ozoux.
Garien Léopold-Louis-Ernest	2	21	Rue de Caen.
Garnerin Louis	1	43	Route Nationale, 237.
Garnier Abel	2	43	Camp Ozoux.
Garnier Casimir-Jean-Baptiste	2		dito
Garnier Eugène fils	3	36	Patates à Durand.
Garnier Noël Victor	2	25	Rue Fénélon.
Gasp Victor	2	24	Rue Voltaire.
Gaspard Charlot	3	52	Sainte Clotilde.
Gaspard Louis	2	55	Rue Monthyon.
Gasparin Charles	1	36	R. du Rempart, 34.
Gasparin Charles-Larose	2	27	Rue Reydellet.
Gasparin Henri	2	22	Rue de l'Arsenal.
Gastaud Alexandre	1	43	Rue de l'Eglise.
Gaston Pierre	1	50	Rue Labourdonnais.
Gaubert Auguste	1	58	Rue la Compagnie, 49
Gauri Songol	3	72	Chaudron.
Gausson Jean-Marie	2	55	Rue de Paris, 99
Gauthier François	2	44	Brûlé.
Gauthier Garçon	2	51	Route Nationale.
Gauthier Gustave	2	31	Camp-Giron.
Gauthier Louis	2	36	dito
Gauthier Louis Emile	2	27	R. Ste-Marie.
Gautrand Michel-Eugène	1	21	
Gauvin Duportail	2		R. Dauphine.
Gauvin Félix Louis	1	31	Rue des Limites.
Gavarry Aristide	2	42	Au Lycée.
Gaveaux Jules Guillaume	1	41	R. Labourdonnais, 91.
Gayac Firmin	3	75	Chaudron
Gayraud Barthélemy	1	56	R. du Conseil.
Gayraud Ferdinand	2	46	Bois de Nèfles.
Gaza Jean-Pierre	4	21	Rue du Pont
Gazeau J.-B. Antoine	1	31	R. Moulin à Vent.
Gebeau Alidor	2	54	R. Grand-Chemin, 40

Gémal Isidore	1	21	
Génac Henri	2	41	Ruelle-Pavée.
Gence Eugène	4	29	Petite Ile.
Gence Eugène Ferdinand	4	23	d°
Gence Marc	2	30	Boulevard Doret.
Genèse Urbain	3	74	Rivière des Pluies.
Geniès Modeste A. Honoré	1	45	R. Réunion.
Genlis Alfred	2	50	R. Arsenal.
Gentil Perret Jean Pierre	2	56	R. Saint-Denis.
Gentille Louis	4	76	Montagne.
Geoffroy Prudent	1	32	R. Intendance.
Georges Jean-Baptiste	4		R. la Boulangerie.
Georges J.-B. Antoine	1	58	R. Conseil.
Gérand Benoit	1	54	Route Nationale, 359
Gérard C. Vital Trinité	2	24	R. Dauphine, 166.
Gérard Charles Jules	1	36	R. Labourdonnais.
Gérard Pierre Paul André	2	29	Rue Dauphine, 166.
Gérard Robert	2	61	d° 234.
Gérard Saturnin	4	35	R. de la Boulangerie.
Géraud Marie Ernest	1	21	
Gerbandier Emile	2	26	Camp-Ozoux.
Gerbandier Joseph	2	26	Camp-Ozoux.
Gerbaud Othello	4	53	Petite Ile.
Gérideau Edouard	5	67	Sainte-Clotilde.
Géringer Achille	4	38	Impasse du Pont.
Gerly Ferdinand	2	29	R. Dauphine.
Germain Benoit	3	59	Chaudron.
Germain Joseph	2	47	Rue Saint-Jacques.
Germain Louis	2	56	R. St-Denis.
Germeuil Charles	4	64	Montagne.
Germeuil Pierre	1	21	
Genny Henry	4	38	Petit-Ile
Gérold Albert	4	30	Petite Ile, 6.
Gérold Armand	1	45	R. de l'Est.
Gérold Henri	1	39	R. de l'Est.
Gérold Léon	1	33	dito
Gérôme Jean	1	30	dito
Gérony Rémy	2	63	Rue Lafontaine
Gertrand Louis	2	35	R. Voltaire, 57.
Gertrand Fantaisie	2	59	Jardin.
Gervais Aristide	2	46	R. de l'Arsenal.
Gervais Joseph	5		Chaudron.
Geslin Charles	2	49	R. St-Joseph, 157.
Gibert Bernard Alfred	2	56	R. Dauphine, 159.
Gibert Edouard	3	46	Rivière des Pluies.
Giégrand Alfred	1	41	Boulevard Lancastel.
Gigot Armand Ernest	2	39	R. du Rempart, 64.
Gilles Narcisse	2	36	C. Ozoux.
Gillet Eugène	1	49	R. de Paris, 39.
Gillibert Aristole	1	42	Rue des Sables, 39.
Gillibert Eugène	4	46	R. de la Boulangerie.
Gillibert Paulin	1		R. de Paris, 20.
Gillonet Etienne	2	23	R. Dauphine, 117.
Gillonet Germain	2	58	dito
Giquiaud Ernest	2	42	R. du Conseil, 82.
Girard J.-B. Désiré Ernest	1	45	R. de la Réunion.
Girard Stéphane	2	46	R. de Paris.
Girardeau Louis	2	45	Au Lycée.
Giraud Amédée	2	34	R. de la Boucherie.
Giraud Charles-Félix	1	60	Boulevard Lancastel
Giraud J.-Baptiste Noël	1	21	
Giron Emmanuel	2	30	Rue Lafontaine.
Giron Jules	1	28	R. de la Réunion.
Giroz Joseph	2	62	Redoute.
Gisquet François-Dominique	4	38	Petite Ile, 24.
Glanan Ferdinand	2	24	Camp Ozoux
Glard Eugène	1	24	Ruelle du Cimetière.
Globert Zacharie	2	80	Rue Amédée Bédier.
Gludic Théodore	1	50	Rue des Sables, 19.
Gobard Féréol	2	54	R. Bouvet.
Gobert Henri	1	36	R. de la Réunion, 158
Gocha Adrien	3	57	Chaudron.

Godard René	1	43	Rue de l'Est.
Godefroy Noël	2	45	Rue de la Bouch., 145
Godefroy Théodore-Emile	2	47	Rue Ste-Marie, 45.
Godet Ernest	1	30	R. St-Joseph.
Godet Henri-Albert	2	34	R. Dauphine.
Golmard Léopold	3	27	dito
Goneau Paul	2	30	Rue Saint-Joseph
Gonsard Denis	1	66	Route Nationale.
Gonthier Charles	1	39	Rue de la Réunion.
Gonthier Henri	2	54	Saint-François.
Gonthier Jean-Baptiste	2	33	dito
Gonthier Pierre-Lucien	2	21	Saint-François
Gonzague Denis	3	75	Patates à Durand.
Gossard Louis	4	42	R. de la Boulangerie.
Gouais Lanaud-Charles	1	55	R. de la Réunion
Gouatarbès Laurent	2	52	Boulev. la Providen.
Goudron Félix	1	36	
Goudron Louis	1	30	R. la Réunion.
Goudron Salvin	4	29	Petite Ile.
Gougeat François	3	22	Rivière des Pluies.
Gouland Pierre	2	35	Rue Sainte-Anne, 20.
Goulard Camille	2	22	R. des Limites, 63.
Goulard Marcelin	2	54	dito
Goulier Amédée	3	44	Chaudron.
Goupil Eugène	1	40	Rue des Limites.
Gourdet Rosemont	1	36	dito
Gousnoux Lagardet	1	55	Route Nationale.
Govin Fanchin	1	52	R. de la Boulangerie.
Grandier Pierre	1	21	
Grandmaison Emile	1	52	R. La Boucherie.
Grandmaison Henri-Albert	1	24	dito
Granel Louis	3	26	Patates à Durand.
Granitz Come Férab	1	34	Rue du Barachois.
Granitz Pierre	4	26	Montagne.
Grangette Hippolyte	1	41	R. de la Compagnie.
Grangier Alcide	1	26	Rue de la Réunion.
Grangier Félix	3	94	Chaudron.
Gratia Antoine-Floricourt	1	34	R. la Compagnie, 125
Gravé Azénor	3	25	Rivière des Pluies.
Gravier Justin	3	35	Chaudron.
Gravier Louis	1	38	Rue de la Batterie.
Gravier Pierre	1	53	Route Nationale.
Grec Paul	2	28	Rue Sainte-Marie, 31
Grelin Bernard	3	70	Patates à Durand.
Grélot Thomy	2	46	R. Dauphine.
Grenard Emile	2	30	R. de la Source, 2.
Grenier Alfred	2	27	R. Lafontaine
Grenier Evenor	4	25	R. de la Boulangerie.
Grenier Léopold Jean-Baptiste	4	28	dito
Grenier Octave	4	39	dito
Grimaud Auguste-Verly	1	24	Boulevard Lancastel.
Grimaud Antoine	1	36	dito
Grippart Thomy	2	68	C. Ozoux.
Grison Salide-Jules.	2	49	R. Amédée Bédier,
Grondein Joseph-Cyprien	2	25	Rue Saint-Denis
Grondein Louis	3	29	Chaudron
Grondin Albert	2	26	R. Ste-Anne.
Grondin Alfred-Louis	1	25	Boul. Lancastel, 19.
Grondin Alidor-Louis	1	35	Rue l'Intendance.
Grondin Calixte	3	44	Chaudron.
Grondin Charles	3	28	Chaudron.
Grondin Frédéric	1	55	Boulevard Lancastel
Grondin Hilaire-Duvergé	1	38	R. de la Réunion, 158
Grondin Jean-Baptiste	3	48	Sainte-Clotilde.
Grondin Jean-Baptiste	4	31	R. de la Boulangerie.
Grondin Joseph	2	25	R. Monthyon.
Grondin Lucien	1	32	Route Nationale, 389
Grondin Marcely-Louis	1	28	R. du Grand-Chemin
Grondin Philogène	4	58	Impasse du Pont.
Grondin Rosebeau	3	46	Sainte-Clotilde.
Grondin Zénon	1	59	R. du Barachois
Grosset Louis-Innocent	1	23	Boulevard Lancastel.
Grosset Louis	1	30	R. de la Réunion.
Grosset Théophile Armand	1	21	
Grotzinger Louis	1	50	R. du Moulin-à-Vent.
Grully Victorin-Valras	3	43	Sainte-Clotilde.
Grumiaux Charles Antoine	2	40	R. Ruisseau des Noirs.
Grumiaux Charles-Fanchette	2	44	R. Voltaire.
Grumiaux Michel	2	82	R. Liancourt.
Grumiaux Nicolas	2	68	R. Dauphine, 21.
Guépin Ernest	2	29	R. Sainte-Marie.
Guépin Eugène	2	31	d° d°
Guépin Ferdinand	2	33	d° d°
Gueulard Camille-Ténor	2	22	Camp Giron.
Geulard Joseph	1	21	
Goeymard Romain-Paul	2	24	R. du Conseil.
Guibert Eugène	2	26	R. St-Denis.
Guichard Albert	1	23	R. l'Embarcadère.
Guichard Alphonse-Louis	2	24	Brûlé.
Guichard Fernand	1	25	Camp-Géner.
Guichard Jacques-François	2	28	R. Dauphine.
Guichard Louis-Chéry	4	52	R. de la Boulangerie.
Guichard Louis-François	2	48	Rue de Caen
Guichard Michel	2	32	R. Saint-Bernard.
Guichard Pierre-François	1	43	R. de la Boucherie.
Guidet François	4	21	Rivière.
Guidon Dauphin	3	58	Chaudron.
Guidon Dauphin	1	21	
Guignolet Lazauste	1	63	R. de l'Eglise.
Guilbeau Jean-Baptiste	4	87	R. du Pont.
Guillerme Monchara	4	28	Ilette à Guillaume.
Guilhoux Edouard François	1	36	R. Labourdonnais.
Guillaud Joseph-Pierre	3	51	Bois-de-Nèfles.
Guillerault Edouard-Alexandre	2	34	R. Saint-Denis.
Guillerault Elie	2	64	R. Dauphine, 128.
Guillerault Emile-Gabriel	3	23	Chaudron.
Guillermin des Sagettes J.-J.-M.-Henri	2	55	R. Sainte-Marie, 81.
Guillet Louis-François	3	68	Route Nationale.
Guillin Léonard	3	40	Rivière des Pluies.
Guilloteau François-Joseph	1	54	R. Labourdonnais, 30.
Guillou Paul	3	25	Rivière des Pluies.
Guilloux Pierre-Léon	2	40	R. de la Source.
Guimbert Acoly	2	66	R. Dauphine.
Guimbert Edouard	2	36	d°
Guimbert Ernest-Paul	1	21	
Guimbert Hilaire	2	27	d°
Guimbert Joseph-Victor	2	29	R. de Caen.
Guimberteau François-Guillaume	2	50	R. St-Jacques.
Guincheux Emile-Joseph	1	21	
Guinot Félix	2		R. Sainte-Anne.
Guiraud Pierre-Bernard	2	58	R. du Conseil, 62.
Guitteau Auguste	3	64	Ste-Clotilde.
Guitteau	3	29	Sainte-Clotilde
Guitton Julien	2	48	R. du Conseil.
Gunet Joseph	2	74	R. Bertin, 18.
Gunet Joseph-Albert	1	21	
Gurgon Augustin	3	62	Sainte-Clotilde.
Gurgon Augustin fils	3	27	dito
Gury Gabriel	2	25	R. Voltaire.
Gustave Joseph	1		Boulevard Lancastel.
Gustavo Gustave	2	60	Brûlé.
Guyard Louis-René	1	30	R. de Paris.
Guyard René-François	1	21	
Guy Damour Charles	1	48	R. du Conseil.
Guyon Alexis	2	32	R. de la Boucherie, 130.
Guyon François	2	36	R. de la Boucherie

H

Haasler Joseph	2	55	R. Grand-Chemin, 56
Hacquart Edgard-Guillaume Aimable	4	24	Quai Ouest, 20.
Hacquart Honoré-Antoine	4	21	
Hacquart Jules-Amand	4	28	dito
Hacquart Julien-Arthur	4	24	dito
Hacquart Paul-Désiré	1	37	Rue Rontaunay.
Hacquart Théodore	4	33	Rivière.
Haérot Charles	4	51	Petite Ile.
Hamac Joseph	3	46	Patates à Durand.
Hara Edouard	4	54	Petite-Ile.
Hardy Gustave	2	40	R. du Bois de Nèfles.
Harpon Georges	4	70	Petite-Ile.
Hautbois Victor-Raphaël-Florant	1	21	R. du Barachois.
Haudressy Arthur	1	80	R. de la Réunion, 127
Haudressy Christol	2	29	R. Sainte-Marie.
Haudressy Emilien	1	36	R. de la Réunion, 127
Haudressy Léon	1	27	d°
Haumont Henri-Joseph	2	27	Rue Saint-Denis.
Haymard Henri	4	31	Montagne.
Hébert Camille	1	34	Route Nationale, 203
Héliodore Crescent	2	52	R. Saint-Denis, 60.
Henricy Augustin	4	83	Montagne.
Henriette François Jules	2	21	R. Bertin.
Henry Adolphe	4	57	Quai Ouest, 14.
Henry Adolphe Charles	1	49	R. la Compagnie, 20.
Henry Albert	2	46	R. St-Denis.
Henry Albert	4	24	R. de la Boulangerie.
Henry Alfred	1	40	R. la Compagnie, 20.
Henry Amédée	1	32	R. Moulin-à-Vent.
Henry Antoine	1	30	dito
Henry Azénor	2	58	R. Saint-Bernard
Henry Charles-Louis	4	32	R. de la Boulangerie.
Henry Eugénie	4	44	Rivière.
Henry François	2	32	Lataniers.
Henry Gustave	4	30	R. de la Boulangerie.
Henry Gustave	1		Rue du G.-Chemin.
Henry Jules	2	37	Camp Ozoux.
Henry Jules-Pierre	2	31	Rue Ste-Marie.
Henry Juliette Paul	4	47	Rivière.
Henry Nicolas	1	67	R. Saint-Joseph.
Henry Nicolas Philibert	1	25	d°
Henry Pierre	2	26	Brûlé.
Henry Pierre	3	52	Rivière des Pluies.
Henry Prudent	4		R. de la Boulangerie.
Herbland Georgette	4	54	Montagne.
Herland Jean François	1	55	R. du Conseil.
Hermann Elisée	4	38	Quai Ouest
Hermette Henry Lorin	4	42	Montagne.
Hermette Léonce	4	40	d°
Hérode Amand	2	39	Rue Saint-Denis.
Héron Furcy Aurélia	2	50	Camp Ozoux.
Héron Marc Antoine	1	74	Rue de l'Eglise.
Hervé Augustin	1	23	R. de la Réunion
Hervé Louis-Marie	1	21	
Héry Emile	2	37	Brûlé.
Héry Eugène-Philogène	1	21	
Héry Henry	1	40	Rue de la Réunion.
Héry Volcy	2	32	R. de la Source, 34.
Herzebert Joseph	2	57	C. Giron.
Hibon Auguste	3	42	Rivière des Pluies.
Hibon Pierre	2	43	Rue Saint-Anne
Hibon Léopold	2	43	Rue Dauphine, 173.
Hilaire Fabien	3	41	Chaudron.
Hilarion Ambroise	4	56	Montagne.
Hilarion Arthur	3	30	Patates à Durand.
Hilarion Augustin	4	36	Petite-Ile.
Hilarion Augustin	1	27	R. du G.-Chemin.
Hildy Fanchin	1	48	Rue d'Assas.
Hildy François	2		Rue de l'Arsenal, 50.
Himbaud Dieudonné	3	38	Chaudron.
Hime Alexis	2	70	Camp-Ozoux
Hingray Volcy	2	46	Rue Saint-Denis, 81.
Hippolyte Ch. Adolphe	1	21	
Hivanhoé Joseph Tarifa	3	40	Rivière des Pluies.
Hoair François Louis	1	55	Route Nationale, 367.
Hoareau Alfred	2	33	R. des Limites.
Hoareau Auguste	2	29	R. Mazagran.
Hoareau Duroche	1	22	Route Nationale
Hoareau Ferdinand	2	40	R. Arsenal, 90.
Hoareau Frédéric	4	27	R. Boulangerie.
Hoareau Henri Michekel Hégésippe	1	21	
Hoareau Léon	2	33	Camp-Ozoux.
Hoareau Louis-Frédéric	2	39	Rue Mazagran.
Hoareau Mich. Ch. Em. Jn. Ls. Hégésip	1	21	
Hoareau Philibert	4	35	R. Boulangerie.
Hoareau Prosper Eliard	2	59	R. de la Source.
Holland Charles Eugène	1	21	
Hollande Amable	1	34	R. du Grand-Chemin.
Hollande Camille	1	30	Route Nationale.
Honsec Ernest	2	34	R. Jacob.
Honsec Joseph	4	38	Petite-Ile.
Honsec Louis	3	43	Bois-de-Nèfles.
Hostié Antoine Auguste	1		R. Lafontaine.
Houdier Ernest Charles	1	27	Route Nationale.
Houdier Jules	1	29	R. Embarcadère.
Houdier Jules-François-Netgis	2	36	R. Sainte-Anne.
Houdier Léon	2	25	R. Saint-Denis, 93.
Houdier Louis	3	33	Chaudron.
Houdier Paul	1	36	R. Moulin à Vent.
Houpiart Victor-Prosper	2	57	Saint-François.
Houpiart Dupré P. Albert	2	21	Saint-François.
Hourmann Pierre-Florentin	1	21	
Huart Perrin	3	64	B. de Nèfles.
Hubert Charles-Antoine	2	67	Saint-François.
Hubert (de Bordeaux)	2	50	R. Saint-Denis, 89.
Hubert Pierre-Marius	1	47	R. de la Compagnie.
Huet Talma	1	27	R. de l'Est.
Hugon Aristide	1	38	R. de la Compagnie.
Hugon Henry	2	48	R. Sainte-Anne, 16.
Hugot Emile	1	46	R. de Paris.
Hugues Vogles-Rodolphe	1	36	R. Grand-Chemin.
Hulder Victor	3	69	Chaudron.
Humain Aza	4	75	Montagne.
Hurel	4	64	R. de la Boulangerie
Hurel Ernest	3		Rivière des Pluies.
Hurel Louis	4	64	R. de la Boulangerie.
Hurel Valmir	2	31	Rue St-Jacques.
Hyambane Edmond	3	52	Sainte-Clotilde.
Hyme Alexis	2	66	C. Ozoux.

I

Icard Louis-Jean-Baptiste	1	32	R. de l'Eglise.
Idoux Victor	1	34	dito
Inda Célestin	1	80	Ruelle du Cimetière.
Indé Victor	2	45	R. du Bois de Nèfles.
Infante J.-B.-François	2	25	C. Ozoux.
Infante Joseph-Marcel	2	29	Brûlé.
Infante Léonce	1	30	Rue Saint-Joseph.
Infante Ludovic	2	39	dito
Infante Pierre	2	31	R. Monthyon, 143.
Ingratius Léon	1	21	
Innocent Porteur	2	50	Brûlé.
Irana Eugène Valérien	2	40	Rue Sainte-Anne.
Irma Henri	1	50	Rue du Cimetière.
Isery Antoine	2	31	Rue Fénélon.
Isidore Alidor	2	26	Rue Sainte-Anne.
Isidore Armand	3	43	Chaudron.
Isidore Paul	3	52	Patates à Durand.
Isnard Alexandre	2		C. Ozoux.
Isnard Aurélien	2	34	Rue Monthyon, 165.
Isnard Ernest	4	45	Petite-Ile.
Isnard Eugène	2	36	Rue Monthyon, 135.
Isnard Frédéric	2	32	dito
Isnard Guet Edorie	4	24	Petite-Ile.
Isnard Joseph	4	48	Rue de la Digue.
Isnard Jules-Honoré	1	40	Rue de la Réunion.
Isnard Louis	2	42	Rue Bouvet, 47.
Isnard Pierre	2	29	Rue Monthyon.
Isnard Romain	1	21	
Isnard Théodore	2	27	dito 143.
Isnard Tristan	4	30	Petite-Ile.
Israël Jean-Mousdine	4	53	Rivière.
Itasse Philibert-Auguste	1	21	

J

Jabin Paul	3	54	Chaudron.
Jackson Antony	1	37	Route Nationale.
Jackson Victor	1		Route Nationale.
Jacob de Cordemoy Antoine	1	21	
Jacob de Cordemoy Camille	2	38	Rue de la Boucherie.
Jacob de Cordemoy Louis Bénédict	2	29	d°
Jacob de Cordemoy Louis Philippe Hubert	2	71	d°
Jacob Henri	4		Quai Ouest.
Jacquasson A. Alphonse	1	21	
Jacquasson Alphonse Elie	1	45	Rue de la Compagnie.
Jacquasson Ferdinand	1	25	d°
Jacquasson Fernand	1	21	
Jacquelin Jean-François	1	37	Route Nationale.
Jacquemain Emilien	2	24	R. Fénélon.
Jacquemin Etienne	1	33	Route Nationale.
Jacquemet Louis Philogène	2	54	R. Voltaire.
Jacques Alfred	1	33	R. Grand Chemin.
Jacques Ernest	2	34	R. de Caen.
Jacquet Henri Jeanne	3	58	Rivière des Pluies.
Jacquier Eugène	1	53	R. de la Compagnie.
Jactas Joseph	4	59	Montagne.
Jadin Toussaint	1	36	R. de la Réunion, 193.
Jallot Henri	1	50	R. de la Compagnie.
Jalloy Augustin	4	39	R. de la Boulangerie.
Jalloy Joson	2	60	C. Ozoux.
Jamaïque Hilarion	1	66	Route Nationale.
Jambane Farine	3		Bois de Nèfles.
James Arthur	4	31	Montagne.
James Edouard	4	50	Montagne.
James Edouard	2	38	Rue Bertin.
James Henri	1	34	R. de la Compagnie.
James Paulin	4	51	Montagne.
Jeandeau Jean-Marie	2	58	C. Giron.
Jantet Eugène	2	41	Rue Ste-Marie, 31.
Janvier Edouard Gabriel	1	21	
Japhet Faustin	2	56	Rue Malartic
Japon Charlot	4	71	Montagne.
Jarday Jules	1	32	Rue des Limites.
Jarlot Emile	1	31	R. des Sables, 28.
Jarlot Ernest	1	36	d°
Jasogne Gervais	2	42	Rue Voltaire, 57.
Jasogne Protet	2	42	d°
Jatop Furcy	2	56	Camp-Ozoux.
Jatop Louis Alfred	4	24	Petite Ile.
Jatop Olivier	2	59	R. Ruisseau des Noirs.
Jaucourt Jude Amédée	2	38	Rue Fénélon.
Jaulin Auguste	2	59	Saint-François.
Jaulin Jules	2	51	Rue Mazagran.
Jauny Henri Gustave	2	30	R. Lafontaine.
Jaure Joseph	1	21	
Jauze Antoine Labert	1	51	R. Labourdonnais.
Javernay Emile	2	27	Rue Dauphine
Javotte Joseph Edmond	3	67	Rivière des Pluies.
Javotte Joseph	3	60	dito
Javotte Louis Dosithé	3	74	dito
Jayme Claude Frédéric L.	2	29	Rue Joseph Hubert.
Jazet Ferdinand Auguste	4	45	R. Boulangerie, 38.
Jazet Henry Auguste	4	46	Rue de la Caserne.
Jean Charles	2	58	Saint-François.
Jean Denis Saint-Ange	1	21	
Jean Gillibert	2	46	Rue Bertin.
Jean Louis	1	43	Route Nationale.
Jean-Baptiste Alexandre	1	45	Rue St-Joseph.
Jean-Baptiste Alexandre	1	25	R. du Four à Chaux
Jean-Baptiste Alidor	1	21	
Jean-Baptiste Augustin	2	53	R. Monthyon.
Jean-Baptiste François	2	71	Camp-Ozoux.
Jean Baptiste Louis	4	47	Petite Ile.
Jean-Baptiste Louis	1	29	R. Labourdonnais.
J.-Baptiste Louis Lolote	2	51	Rue Monthion, 69.
Jean-Jacques Aristide	4	29	Montagne.
Jean Jacques Charles J.-B.	4	31	dito
Jean-Jacques Clément	2	28	Rue Voltaire.
Jean-Jacques Ellery A.	2	61	R. Dauphine, 111.
Jean-Jacques Ellery C.	2	22	dito
Jean-Jacques Ellery E.	2	25	dito
Jean-Jacques Ellery E.	2	24	dito
Jean-Jacques Henry	1	45	R. de la Réunion.
Jean-Jacques Henri A.	1	31	d° 121.
Jean-Jacques Bélisaire H.	2	32	Rue de Caen, 13.
Jean-Jacques Jules	4	54	Petite Ile.
Jean-Jacques Julien C.	2	45	C. Ozoux.
Jean-Jacques Laurestan L.	4	39	Quai Ouest.
Jean-Jacques Luisy	1	74	R. Compagnie, 111
Jean Jacques Marie Louise	3	36	Chaudron.
Jean-Jacques Pierre	4	57	Ruelle Amelin
Jean Jérôme	1	29	Rue de l'Est.
Jean Marie Adolphe	2	53	Rue Ste-Anne, 99.
Jeanne Jacques-Henry	3	59	Rivière des Pluies.
Jeannette Louis	4	38	Petite-Ile, 33.

Jeannot Henry Albert	1	21	
Jeannot Jean-Baptiste	1	58	Rue Labourdonnais.
Jeanson Emile	2	42	Rue Dauphine, 141.
Jeanson Ernest	2	23	Camp-Ozoux
Jeanson François-Féréol	2	33	Route Nationale.
Jeanson Hilaire	2	25	Brûlé.
Jeanson Jules	2	44	Rue Monthyon.
Jeanson Masséna	1	24	Rue Labourdonnais.
Jeffon Joseph	1	70	Boulevard Lancastel.
Jégo Emile Marie	1	28	Rue du Conseil, 27.
Jégu Alexandre	1	30	Route Nationale
Jégu Victor	1	22	R. Saint-Joseph.
Jenoudet Ambroise Lucien Edmond	1	28	R. Labourdonnais.
Jeudi François	1	52	Route Nationale.
Jeudi Pierre-Henri	1	21	
Jista Charles	4	27	R. de la Digue
Joachim Alfred	1	28	R. du Barachois, 22.
Joachim André	2	65	Rue Fénélon.
Joachim Antoine-Oscar	1	46	Boulevard Lancastel.
Joachim Hippolyte	1		dito
Joachim Julien.	1	40	dito
Joachim Philippe	1	25	R. Labourdonnais.
Joanne Jean-Baptiste-Stanislas	2	55	Rue Saint-Denis, 111.
Joanne J.-Marie-Hyacinthe	2	53	dito
Jobard Alidor	2	68	C. Ozoux.
Jobard Gervais	2	23	Rue Liancourt.
Jockay Louis père	2	59	Camp Ozoux.
Jockay Louis-Riétour	2	30	dito
Jocquet François	1	62	R. du Barachois, 12.
Joinville Caprice	2	29	Saint-François.
Joliau Frédéric	2	46	Rue St-Jacques, 33.
Jolicœur Alexandre	2	62	Camp Ozoux.
Jolicœur Victorin	3	67	Rivière des Pluies.
Jolimont Edouard	2	29	dito
Jolimont Jean-Emile	2	48	Place du Jardin.
Joniot François	1	21	
Jorsant Emile	4	51	Montagne.
Joseph Alfred	2	39	Rue Ste-Marie, 145.
Joseph Alfred	3	38	Rivière des Pluies.
Joseph Alphonse	4	24	R. de la Boulangerie
Joseph Charles	2	47	Camp Giron.
Joseph Edouard	2	35	dito
Joseph Louis-Emile	4	28	Petite-Ile.
Joséphine Camille	1	21	
Joséphine Charles	1	45	R. du Grand-Chemin.
Josselin Georges-Augustin	4	23	Montagne.
Jouan Emile	2	37	R. Sainte-Anne, 72.
Jouane Jean-Bapt^e-Albert	2	30	Camp Giron.
Jouanny Martial-Marcel	1	45	R. du G.-Chemin, 177
Journelly René	1	51	dito
Joussin André	2	28	Rue Dauphine.
Jouvancourt Charles de	3	63	Bois de Nèfles.
Jouvancourt Oscar de	1	57	R. du G.-Chemin, 15
Jouvin Auguste	2	54	Rue du G.-Chemin.
Judais Jacques	1	79	R. l'Embarcadère, 78
Jude Aimé	2	42	Rue Bertin, 37.
Jude Ferdinand	1	48	R. Barachois, 4.
Judith Alexandre	2		Lataniers.
Judith Paulin	3	68	Sainte-Clotilde.
Judith Pierre	2	74	Rue Voltaire, 45.
Juel Charles	2	27	Rue Dauphine, 80.
Juel Edouard	2	47	R. Sainte-Marie
Jugant Joseph père	2	72	R. du G.-Chemin, 74.
Jugant Joseph fils	2	33	R. de l'Arsenal, 1.
Jugant Médéric	1	38	R. de l'Eglise, 22.
Jules Eugène	3	41	Chaudron.
Jules Félix	1	36	R. de la Réunion.
Jules Jean-Marie	2	37	Camp-Ozoux.
Jules Marius	1	30	Boulevard Lancast. 20
Jules Pierre Louis	1	21	
Julie François	2	42	Rue Voltaire, 14.
Julien Adélard	2	34	Rue Fénélon.
Julien Alidor	1	23	Rue de l'Est.
Julien Emart	3	67	Sainte-Clotilde.
Julien François	3	58	Chaudron.
Julien François-Clément	1	21	
Julien Joseph	3	26	Chaudron.
Julien Joseph	3	75	Rivière des Pluies.
Julien Jules-Marie	2	30	Rue de la Boucherie.
Julien Louis-Marie	1	48	Rue Labourdonnais.
Julienne Jean-Baptiste	1	21	
Julion Henri	2	37	Rue Suffren.
Julior Louis-Marie	1	21	
Jumelle Petit Jean	1	60	Rue du Barachois.
Jumelle Pierre	2	57	Saint-François.
Jupiter Arthur	2		Brûlé.
Jupiter Charles	2	34	Rue de la Source, 33.
Jurly Fanchin	2	44	Rue Dauphine.
Justin Julien	1	29	Rue de l'Eglise.
Juvénal Noël	4	41	Montagne.

K

K/anval Balthazar	1	33	Rue Lafférière.
K/anval Pierre-Aimé	3	42	Rivière des Pluies.
K/véguen Hervé Le Coat (de)	2	32	Rue Dauphine.
Kersaint Charles (de)	2	62	Rue St-Philippe, 40.
Kersaint Charles-Joseph-Paulémy (de)	2	25	Rue Saint-Philippe.
Keuler Jean-François	1	70	R. de l'Embarcadère.
Kitry Hyacinthe	3	73	Rivière des Pluies.
Klébert Charly	1	32	Rue des Limites, 10.
Klébert Philippe-Amelin	2	33	Rue des Limites, 49.
Koat	2	59	Route Nationale

L

Laban Vilbrode	2	49	Route Nationale
Labasse Alidor	2	42	Providence
Labasse Louis-Philibert	2	24	R. Lafontaine
Labeau César	2	78	R. de la Source
Labeau Louis Joseph	2	28	dito
Labeau Pharaon	2	42	Rue Monthyon
Labiche Henri	3	57	Rivière des Pluies
Labinsy Henri	2	39	Camp-Ozoux
Labinsy Onésime	2	26	Rue Saint-Denis
Labitume Philogène	3	70	Rivière des Pluies
Laborde Alphonse	1	35	R. de la Boucherie
Laborde Victor	2	32	R. Saint-Joseph
Laborie Victor	2	49	Boulevard Doret
Labrune Novembre	4	53	Petite-Ile
Lac Pierre Jean	4	28	R. de la Boulangerie.
Lacaille Cyrille	2	65	Brûlé
Lacanetty Alfred	1	34	Boulevard Lancastel
Lacassagne Louis	1	57	Rue de l'Eglise
Lacayenne Auguste	3	37	Sainte-Clotilde
Lacaze Victor	1	72	Rue de l'Eglise
Laceste Alphonse	2	37	Rue Saint-Denis
Lacmal Victor	1	21	
Lacombe Alexandre	1	22	Rue de l'Eglise
Lacombe Henry	2	29	Rue Lafontaine
Lachenardière Furcy	2	49	Rue Saint-Denis.
Lacordaire Anatole père	2	53	R. Saint-Jacques
Lacordaire Anatole fils	2	29	dito
Lacoste Amédée	2	43	Camp-Ozoux
Lacoste Frédéric	2	58	Rue Saint-Denis
Lacoudray Adolphe	2	50	R, Saint-Jacques
Lacoudray Eugène	2	37	Rue Saint-Jacques
Lacoudray Ferdinand	1	29	
Lacoudray J.-Bte-Edgard	3	35	Rivière des Pluies
Lacouture Alfred	1	34	Boulevard Lancastel
Lacouture Fortuné François Albert	2	33	Rue Fénélon
Lacouture Jules	1	35	Rue de l'Eglise
Lacouture Martial	2	41	R. Saint-Denis
Lacouture Pierre Albert	4	27	Digue
Lacouture Pre. Mirandor fils	1	34	Rue Saint-Joseph
Ladevège Eustache	4	63	Montagne
Ladoucette Dauphin	2	54	Rue Sainte-Marie
Ladoucette Jean-Baptiste	1	39	Rue du Conseil
Ladoucette Jean-Louis	1	54	Rue de la Batterie
Ladvocat Philogène	3	64	Chaudron
Lafarge Etienne Camille	2	39	Rue de la Boucherie
Lafaure Gustave	1	21	
Lafétus Baptiste	2	44	R. du Grand-Chemin
Lafférière Félix	2	56	Rue Dauphine
Laffectueux Honoré	2	57	Camp-Ozoux
Lafitte Marie Jules Camille	1	21	
Lafitte Roger Ernest	1	44	Rue de Paris, 15
Lafleur Augustin	1	57	R. du Grand-Chemin
Lafleur Bancoule	2	68	Providence
Lafleur Joseph	3	61	Patates à Durand
Lafleur Jules	1	21	
Lafleur Tabin	4	63	Petite-Ile
Lafoi Louis J.-Baptiste	2	26	Camp Giron
Lafortune Florentin	2	45	dito
Lafortune Paterne	4	33	Montagne
Lafortune Valentin	2	46	Rue Sainte-Marie
Lafosse Benjamin	1	21	R. Ruisseau des Noirs
Lafosse Jean-Baptiste	1	53	Rue Saint-Joseph
Lafosse Jules	1	31	dito
Lafrance Island	1	56	Rue d'Assas
Lafrance Joseph	1	66	Rue du Conseil
Lafrance Julien	3	61	Sainte-Clotilde
Lafrance Louis	2	30	Camp-Ozoux
Lafumée Damyse Pompée	2	72	dito
Lagarosse Antoine	4	54	R. de la Boulangerie
Lagarosse Joseph	1	30	dito
Lagauche Amédée	3	63	Rivière des Pluies
Lagourdette Louis Marie	1		Ruelle du Cimetière
Lagourdette Séverin	3		Sainte-Clotilde
Lagrave Henri, dit Petit-Jean	2	37	Rue Saint-Denis
Lagrotte Edouard	1	41	Rue du Rempart
Laguidon Rosaire	4	42	Montagne
Lahaxe Auguste	4	41	R. de la Boulangerie
Lahaye Chéry	3	57	Rivière des Pluies
Lahaye Chéry	3	73	dito
Lahire Louis	4	47	Montagne
Lahors Albert	2	33	Rue Dauphine
Lahors Jules	2	36	dito
Lahoute Charlot	2	36	Camp-Ozoux
Lahuppe Ferdinand	2	45	Rue du Conseil
Lahuppe Gabriel Eugène	2	42	dito
Lahuppe Gaston	2	34	Rue Sainte-Anne
Lahuppe Thomy	2	40	Rue du Conseil
Laïda Joseph	2	40	Camp-Ozoux
Laïda Furcy	2	47	dito
Laigle Fanchin	3		Sainte-Clotilde
Lajartier Arsène	2	31	Rue de la Boucherie
Lajeune Philogène	2	69	Brûlé
Lajoie Louis	1	25	Boulevard Lancastel
Lakermance Athénodore	1	43	Rue Labourdonnais
Lakermance Edouard	2	27	Rue de Paris
Lakermance François	2	50	dito
Lakermance Gustave	2	44	Rue Sainte-Marie
Lakermance Joseph	4	56	Rue du Pont
Lakermance Léon	4	21	Rue de la Rampe
Lakermance Richemont	4	41	Petite-Ile
Lako Désiré	2	26	Lataniers
Lalanne Jules	1	34	Rue du Conseil
Lallemand Marcel	2	41	Brûlé
Lamadon Georges	2	33	Rue Sainte-Anne
Lamain Thomy	2	35	Rue Dauphine
Lamare Louis Marie	4	69	Montagne
Lamare Télémaque	1	38	R. du Grand-Chemin
Lamare Trim	3	72	Rivière des Pluies
Lamarque Armand	1	47	Rue Saint Joseph
Lamarque Thomy	1	48	dito
Lambe Joseph	2	65	Camp-Ozoux
Lamberger Pre.-Fernand	1	21	
Lambert Charles	2	38	Rue Sainte-Marie
Lambert Joseph	2	57	Rue Dauphine
Lambert Léopold	1	26	Rue de l'Eglise
Lambert Louis Elphège	2	22	Rue Fénélon
Lambert Octave	2	22	Rue Dauphine
Lambert Pierre	1	21	
Lamélotée Arthur	2	25	Rue Sainte-Anne
Lamendour Albert	2	21	Rue Lafontaine
Lamerka Emile	4	52	R. de la Boulangerie
Laméry Albert	2	32	Rue Sainte-Anne
Laméry Alexandre	1	21	
Laméry Alphonse Denis	2	30	Rue Sainte-Anne
Laméry Benoit	3		Patates à Durand
Laméry Ernest	2	56	Rue Sainte Anne
Laméry Richard Alfred	2	24	dito
Lamitié Charpentier	3	81	Patates à Durand
Lamitié Henri	2	24	Rue Bois de Nèfles
Lamitié Pierre Leude	3	56	Patates à Durand
Lamitié Maguitte	2	64	Ruelle Sainte Marie
Lamlac Charly	1	40	Rue de la Réunion
Lamole Aubin	4	29	Rue de la Rampe
Lamour Joseph	2	65	Camp Ozoux
Lanave Félix	4	56	Petite-Ile
Lancray Auguste	3	58	Rivière des Pluies

Landais Emile	4	25	R. de la Boulangerie
Landais Louis	1	26	Rue Saint-Joseph
Landon Félix	2	60	Camp Ozoux
Landon Jules	1	27	R. de l'Embarcadère
Landry André	1	46	Rue de la Compagnie
Laneau Etienne	2	29	R. Ruisseau des Noirs
Laneau Henri	2	26	dito
Laneau Lefèvre	2	61	dito
Laneau Marcian	2	59	R. Ruisseau des Noirs
Langevin Augustin	1	21	
Langlard Daniel Louis Clément Gabriel	1	21	R. Saint-Joseph
Langlard Jules (de)	4	38	R. de la Boulangerie.
Langlard Laurent (de)	1	27	R. St-Joseph.
Langlard Louis Marie Daniel (de)	1	63	R. de l'Eglise.
Langlard Luc Daniel (de)	3	41	Rivière des Pluies.
Langlard Olivier (de)	1	25	R. St-Joseph.
Langlard Thom (de)	2	31	Rue Sainte-Marie.
Langlard Martial (de)	3	87	Rivière des Pluies.
Langlois Henri	2	23	R. Sainte-Anne, 33.
Langlois Pierre Joseph	1	48	R. du Grand-Chemin.
Langoit Louis	2	57	Boulevard Doret
Laniel Joseph Louis Léopold	1	21	R. de l'Eglise.
Laniel Victor	1	58	dito
Lantmann	1	21	R. de la Compagnie.
Lanton Emile	2	44	R. Sainte-Anne.
Lantroy Anténor	2	54	R. de la Source.
Lantz Jean Auguste	2	40	R. Poivre.
Lanux Emile Deriscourt	3	29	Chaudron.
Lanux Deriscourt Etienne	2	41	R. Sainte-Anne.
Lanux François Véronge	1	70	R. de l'Est.
Lanux Henri Evariste Léo	1	63	R. de l'Eglise.
Lanux Jules Deriscourt	1	34	R. de la Réunion.
Lanux Paul Deriscourt (de)	4	22	Rue de la Digue
Lanux Pierre	4	28	R. de la Boulangerie.
Lanux Thomy Deriscourt	1	33	R. des Sables.
Lany	1	71	R. du Barachois.
Lapalisse Prosper	2	74	Saint-François
Lapierre Edouard	3		Rivière des Pluies.
Lapierre Henri	2	39	R. Dauphine.
Lapierre Louis	2	34	R. du Conseil.
Laplanche François	3	33	Bois de Nèfles.
Lapostat Julien	2	53	Camp Ozoux.
Laprade Cabane Jean (de)	2	50	Rue Ste-Marie.
Larabit Ernest	2	32	Rue de l'Arsenal.
Larafale Louis	1	49	Rue de l'Est.
Larcher Gilblas	3	66	Chaudron.
Larcher Léon	1	48	R. Saint-Joseph.
Larcher Léon fils	1	28	R. du Barachois.
Laridon Pierre	3	35	Chaudron.
Laridon Riladon	2	66	R. Saint Denis.
Laroche Guy	1	37	R. de la Compagnie.
Larose Auguste	4		Petite-Ile.
Larose Charles Marga	1	47	R. Moulin à Vent.
Larose Cyrille, dit Costy	1	49	R. du Conseil
Larose Gustave	1	52	Boulevard Lancastel.
Larose Jean Baptiste	4	39	Petite-Ile.
Larose Louis	4	78	Quai Ouest.
Larue Jules	3	61	Rivière des Pluies.
Larrieu Laurent	1	46	R. du Rempart.
Larval Victor	1	21	
Lassecourt Daniel	3	46	Chaudron.
Laterly Thomy	1	21	
Latorly Georges	1	25	R. du Cimetière.
Latra Sylvestre	1	70	
Latouche Pierre	2	54	Camp-Jacquot.
Latulipe Augustin Rome	4	82	Montagne.
Laudin Gérôme	3	54	Sainte-Clotilde
Laudray Augustin	2	56	C. Ozoux.
Laugaudin Alphonse	4	36	R. de la Boulangerie.
Laugier Léonce	2	48	R. de Paris.
Laugier Théodore	2	50	R. Dauphine.
Launay Félix	2	66	Brûlé.
Launay Guillaume	3	80	Sainte Clotilde.
Launay Joseph	2		C. Ozoux.
Lauratet Julien	1	37	R. du Barachois.
Lauratet Richeville	1	49	R. de l'Eglise.
Lauratet Victor	4	31	R. de la Boulangerie.
Lauréda Thomy	2	36	C. Ozoux.
Laurédan Saint-Ange	3	60	Chaudron.
Laurencine Adolphe	1	21	
Laurencine Emile	1	58	R. de la Compagnie.
Laurent Edouard	1	30	R. de l'Eglise.
Laurent Grandpré Eugène Félix	1	21	
Laurent Henri	1	21	
Laurent Honoré	1	50	R. de Labourdonnais.
Laurent Louis	2	71	C. Ozoux.
Laurent Pierre	2	36	Saint-François.
Laurent Pierre	1	55	R. de la Compagnie.
Laurestan Georges	4	42	Montagne.
Laurent Jean Pierre	2	36	Rue Dauphine.
Laurier Jacquot	2	74	Rue Sainte-Marie.
Lauristan Louis	2	25	Rue Sainte-Anne.
Lautruche Foin	3	63	Rivière des Pluies.
Lauzier Adolphe	2	28	Route Nationale.
Lauzier Alphonse	2	24	Butor.
Lauzier Charles	2	40	Route Nationale.
Lauzier Louis-Marie	2	21	dito
Lauzier Pierre	2	50	dito
Lauzin Victor	4	34	R. de la Boulangerie.
Lavaissière Camille (de)	1	34	R. de la Compagnie.
Laval Jean Pierre Julien	3	34	Chaudron.
Laventure Antoine	3	74	Rivière des Pluies.
Lavigne Jacques Sébastien	1	52	R. de la Compagnie
Laville Henry Paul	1	21	
Laville Pierrot	1	67	R. de Paris.
Lavillegrand Ern. St-Léon	2	21	R. Sainte-Anne.
Lavillegrand Marie Emile St-Léon	2	26	dito
Lavillegrand Marie Camille St-Léon	2	24	dito
Lavilvarès Victor	1	37	R. de la Réunion.
Laviolette Félix	3	77	Rivière des Pluies.
Laviolette Félix	3	36	dito
Lavois	2	44	R. Dauphine.
Lavoquer Joseph Alexand.	3	45	R. des Pluies.
Lavosaque Jules	2		Saint-François.
Laxalde Joseph.	2		Rue de Caen.
Laxalde Jules	4	38	R. de la Boulangerie.
Laxalde Paul	1	34	Rue de l'Eglise.
Lazare Dauphin	1	37	R. de Paris.
Lazare Joseph	2	39	C. Ozoux.
Léandre Joseph	1	39	Pl. du Gouvernement
Léandre Paul	3	65	Sainte Clotilde.
Lebarbier Adolphe	1	41	R. du Four-à-Chaux
Lebarbier Jules Hippolyte	1	39	R. du Rempart.
Lebeau Julien	2	24	R. Sainte-Marie.
Lebeaud Alfred	2	39	Rue Dauphine.
Lebeaud Alidor	2	57	Route Nationale.
Lebeaud Florian	4	28	R. de la Boulangerie.
Lebeaud Gilles	4	43	dito
Lebeaud Louis Belin	1	62	R. du Moulin à Vent.
Lebeaud Marie Joseph Lucien	1	23	R. de l'Embarcadère.
Lebel Alfred	2	29	R. du Conseil.
Lebel Charles	1	69	R. de l'Embarcadère.
Lebel Coradin Abel	3	68	Route Nationale.
Lebel Désiré	3	38	Sainte-Clotilde.
Lebel Jules	1	68	Rue Labourdonnais.
Lebidan Jules	1	21	
Lebihan Emile Julien	4	29	Quai Ouest.
Lebleu Fleury	1		Route Nationale.
Lebleu Pierre Alfred	2	50	R. Mazagran.

Lebœuf Charles	1	54	R. la Boucherie.
Lebon Alphonse	2	28	C. Ozoux.
Lebon Camille	2	24	Rue Bertin.
Lebon Didier	2		Lataniers.
Lebon Edouard	3	59	Chaudron.
Lebon Emile	2	30	C. Ozoux.
Lebon Février	3	73	Bois de Nèfles.
Lebon Gustave	1	21	
Lebon Henri	2	33	C. Ozoux.
Lebon Jean-Baptiste-Paul	2	45	R. Lafontaine.
Lebon Louis	2	30	C. Ozoux
Lebon Louis	3	35	Chaudron.
Lebon Yves	1	39	R. du Barachois.
Lebozec Charles Jacques	2	53	R. Lafontaine.
Lebras Edouard	3	59	Sainte-Clotilde.
Lebreton Charles-Désiré-Hyacinthe-Boisjoly	2	29	Boul. Providence.
Lebrun Charles Désiré	2	21	Rue Voltaire.
Lechant Pierre	4	74	Rue du Pont.
Leclerc Ange Gabriel Aimé	1	21	
Leclerc Jules Michel	2	54	R. du R. des Noirs.
Leclerc Saint-Ange	1	50	Route Nationale.
Leclos Blaise	3	56	Rivière des Pluies.
Leclos François	3	26	dito.
Lécolier André-Alidor	2	53	R. Malartic.
Leconardel Félix Adrien	1	23	R. de l'Intendance.
Lecocq Dutertre Denis Godefroy	2	34	R. Saint-Denis, 28.
Lecomte de l'Isle Charles Alfred Gustave Adélard	1	21	
Leconstant Albert Jean Baptiste	2	38	R. Ste-Marie.
Lecorny Etienne Pierre	1	21	
Lecoutour Edouard	1	53	R. des Sables.
Lecudenec Joseph Charles Beaulieu	1	21	
Ledroit Pierre Julien	2	30	R. du R. des Noirs.
Ledry Arthur	2	60	R. Ste-Anne.
Leduc Charles Yves Emmanuel	4	64	R. de la Boulangerie.
Lef Guillaume	2	25	R. Suffren.
Lefèvre Alfred	1	27	R. St-Joseph.
Lefèvre Auguste	2	23	R. Suffren.
Lefèvre Joseph	1	48	Rue Saint-Joseph.
Lefèvre Jules Honoré	1	24	R. de l'Eglise.
Lefèvre Pierre Guillaume	2	27	R. Suffren.
Lefidèle Antoine	1	21	
Leffray Louis Philippe	1	44	R. du Conseil.
Lefort Servan Marie	1	39	R. de Paris.
Lefoulon Henri	2	31	R. Monthyon.
Lefranc Augustin	1	21	
Lefrançois Charles	4	40	Quai Ouest.
Lefrançois Marie Joseph	2	42	R. St-Jacques.
Legarnisson Jean-Baptiste	1	40	R. du Barachois.
Legarnisson Léonce	1	25	dito.
Legarnisson Pierre	1	64	R. Lafférière, 10.
Léger André	4		R. de la Boulangerie.
Léger Augustin	1	58	Route Nationale.
Léger Maurice	2	31	C. Ozoux.
Léger Cupidon	2	75	R. Bouvet.
Legra Philippe	1	21	
Legras Achille	4	50	Rue Amelin.
Legras Charles Louis	2	60	R. Sainte-Anne.
Legras Ferdinand	1		R. de la Compagnie.
Legras Francis Paul Maydell	2	24	R. Ste-Anne.
Legras Frédéric Joseph Maydell	2	32	dito.
Legras Jean William	2	36	dito.
Leiger Auguste	3	38	R. du Bois de Nèfles.
Leissègues Jules	2	37	R. St-Denis.
Lejaune Charles	1	59	R. de l'Eglise.
Lejeune Eugène Joseph	1	32	R. St-Joseph.

Lelièvre Vincent	1	62	Boulevard Lancastel.
Lemaing Hercule	3	68	Chaudron.
Lemaître Elie	1	45	R. de l'Intendance.
Lemerle Alfred	2	36	dito.
Lemerle Alphonse	2	42	dito.
Lemerle Levasseur Athanase	1	49	R. de la Compagnie.
Lemerle René	2	51	Rue Saint-Denis
Lemoine Aimable Pierre	4	39	Rivière
Lemoine Aurélien	1	34	R. de la Compagnie.
Lemoine Charles	4	49	Quai-Ouest.
Lemoine Frédéric	2	36	R. Sainte-Anne.
Lemoine Gustave	4	39	Petite-Ile.
Lemoine Jean-Baptiste	2	30	Route Nationale
Lemoine Joseph	4	24	Petite-Ile.
Lemoine Jules	1	48	Rue de la Compagnie.
Lemoine Julien	3	30	Rivière des Pluies.
Lemoing Julien	3	33	Chaudron.
Lenoble Marie Théodore Octave	1	50	Rue de Paris.
Lenoir Charles	3	58	Route Nationale.
Lenoir Lucien fils	1	31	Rue de la Réunion.
Lenourichel François-Georges	1	21	
Léon Alaric	2	49	Rue Dauphine.
Léon Auguste	1	52	Rue de la Réunion.
Léon Joseph Olivier	1	58	Route Nationale.
Léon Julien Duglasson	1	68	Rue Saint-Joseph.
Léon Joseph	2	34	Camp-Ozoux.
Léon Louis	4	48	R. de la Boulangerie.
Léonard Aristide	2	56	Rue Bouvet.
Léonardy Jean-Baptiste	1	21	
Léonardy Marcelin	2	54	Rue de Caen.
Léonardy Victor	1	21	
Léonie Léon	2	31	Brûlé (Rampes).
Léonne Jean-Baptiste	1	27	R. Nve près du Cimet.
Léony Jean-Marie	2	54	C. Ozoux.
Léoville Daniel	1	21	
Léoville Ferdinand Ernest	1	21	
Leperrier Louis	1	36	R. de la Boucherie.
Lépervanche Joseph	2	41	Rue Saint-Joseph
Lequidel Evariste	1		Port.
Le Roy Adolphe	1	45	Rue de la Réunion.
Le Roy Alexandre	2	34	Rue Lafontaine.
Le Roy Alfred	1	34	Rue de la Réunion.
Le Roy Edouard	2	30	Rue de l'Arsenal.
Lesage Pierre	3		Patates à Durand.
Lesage Théodore	2		Rue Sainte-Anne.
Lescot Auguste	2		Rue de Caen.
Lescot Augustin	2	29	dito
Lescot Paul	2	52	R. Amédée Bédier.
Lescure Louis	3	63	Rivière des Pluies.
Le Siner Louis-Marie	1	63	Rue du Barachois.
Lesquivy Jean-Baptiste	2	56	Rue Sainte-Anne.
Leste Etienne	2	26	Rue des Limites.
Lesueur Izidore	2	67	C. Ozoux.
Lesvin Félix	2	67	Rue Sainte-Marie.
Letainturier de la Chapelle Frédéric	1	45	R. de la Compagnie.
Létang Auguste	3	77	Rivière des Pluies.
L'Etang Flavien Gillot	1	21	
Letanoux Eugène	4	38	Rue du Pont.
Lethon François	1	43	Rue de l'Est.
Letort Tira (Létroit Tiercé)	2	41	Camp Ozoux.
Letoullec Jean	1	46	Hôpital militaire.
Leuba Emile	1	50	Rue du Barachois.
Levasseur Frédéric	2	34	Rue Lafontaine.
Levassor Paul	2	22	Rue Sainte-Marie.
Levé Dominique	2	41	Camp-Ozoux.
Léveillé Michel Gabriel	3	35	Chaudron.
Léveillé Charles	2	58	Route Nationale.
Léveillé Figaro	1	81	dito
Léveillé (suisse)	4	69	Montagne.

Léveillé Dora	2	64	Boulevard Doret.
Léveillé Jean-Baptiste	2	56	R. Ruisseau des Noirs
Léveillé Joseph	3	57	Rivière des Pluies.
Léveillé Violant	2	66	R, Ruisseau des Noirs
Levert Dominique	3	40	Chaudron.
Leyritz Charles	2	69	St-François.
Leyritz Désiré	2	35	Rue de la Source.
Leyritz Georges	2	45	Rue Monthyon.
Leyritz Julien	2	28	Rue Dauphine.
Leyritz Victor	2	34	dito
Liban Edouard dit Ruban.	3	63	Ste-Clotilde.
Libella Alfred-Eugène	3	38	dito
Lide Sylvain	1		Rue l'Embarcadère.
Ligory Ménéard	2	53	Rue Saint-Denis.
Lilas Aly	1	26	Rue St-Joseph.
Lima Furcy	4	64	Montagne.
Lima Julien	1	21	
Limon Joseph	3		Chaudron.
Lin Pierre-Adule	1	36	Rue d'Assas.
Lindor Victor	3	45	Chaudron.
Linfort Chérimont	2	69	Rue Dauphine.
Linjot Félix	2	62	Camp Ozoux.
Lioto Bernard	1	56	Route Nationale.
Lioto Henri-François	4	66	Montagne.
Lippo Auguste	2	37	Rue Reydellet.
Lippo Philippe	2	73	Rue Bouvet.
Liret Jean-Marie	1	34	Rue de la Boucherie.
Liron Emile	3		Sainte-Clotilde.
Liscourt Saint-Ange.	2	62	Rue Bouvet.
Lisière Isidore	2	63	C. Ozoux.
Lixel Félix	1	56	Boulevard Lancastel.
Lizaro Joseph	3		Chaudron.
Lizéard Joseph	2	42	C. Ozoux.
Lizère Chéry	2	39	dito
Lloubes Edouard	2	28	Rue Sainte-Anne.
Loc	4	68	Montagne.
Loc Jean-Baptiste	4	40	Petite-Ile.
Loc Jean-Marie	4	34	Montagne.
Lof Victor	2	26	Route Nationale.
Loger Félix	1	21	
Loiseau Charles-Nemours-Leroy	2	24	Rue Montreuil.
Loizeau Jules	3	40	Chaudron.
Loizeau Thomy	1	40	Route Nationale.
Loizeau Joseph	3	23	Chaudron.
Lolo Georges	3	68	Patates à Durand.
Lombard Victor	4	36	R. de la Boulangerie.
Lombardin Charly	2	29	Camp Ozoux.
Lombardin Roméo-Marquinoy	2	36	R. du Bois de Nèfles.
Lombardin Roméo-Gabriel	2	24	R. du R. des Noirs.
Long Antoine-Vincent	1	66	Cimetière.
Long Octave-Stanislas	1	21	Boulevard Lancastel.
Longin Philogène	1	21	
Lonvin Jh-Et.-Nicolas	1	21	
Lonyage Félix	2	59	Camp Ozoux.
Lopin Paul	3	62	Bois de Nèfles.
Lorédan Jules	1	21	
Loridon Pierre-Furdany	3	32	Rivière des Pluies.
Loriol Louis	2	62	Camp-Ozoux.
Loriston Antony	1	21	
Lormian Mars	3	62	Rivière des Pluies.
Lorquero Pierre-Roquelaure	2	72	R. Amédée Bédier.
Lory Jules	2	42	R. du Grand Chemin.
Loucques Frédéric	1	54	Rue des Limites.
Louis Adolphe-Henri	4	33	Boulangerie.
Louis Armand	4		R. de la Boulangerie.
Louis César	2	29	Rue de la Source.
Louis Charlette	1		Boulevard Lancastel.
Louis Eugène	2	27	Rue de Caen.
Louis Ernest	4	26	R. de la Boulangerie
Louis Ernest	1	38	R. de l'Embarcadère.
Louis Frédéric	4	42	Petite-Ile.
Louis François	2	26	Rue Dauphine.
Louis Henri	2	24	R. Boucherie et Ars.
Louis Joseph	2	37	R. St Jacques.
Louis Joseph	2	31	Rue Bertin.
Louis Julien	1	21	
Louis Marie	3		Chaudron.
Louis Marie	2	48	Camp-Ozoux.
Louis Philippe	3	30	Rivière des Pluies.
Louis Scipion	4	40	Rue de la Digue.
Louis Théodore	2	42	Camp-Ozoux.
Loumine Azor	2	63	Camp-Giron.
Loumine Joseph	2	23	Camp-Ozoux.
Loupy Albert	1	45	
Loupy Jules	2	56	Rue St-Joseph.
Loupy Louis-Claude-Fremay	2		d°
Loupy Raoul-Jules	1	24	Rue Intendance.
Louvet Adrien	2	41	Rue Suffren.
Louvois Azor	1	62	Rue l'Embarcadère.
Lovelace Jules	2	39	Rue Sainte-Marie.
Lowinsky François-Joseph	2	26	d°
Lowinsky Frédéric	1	62	Rue des Sables.
Lowinsky Frédéric	1	21	
Lowinsky Henri	1	26	Rue des Sables.
Loyer Eugène	2	41	Ruelle des Jésuites.
Loyseau Elie Léon	2	64	Rue de l'Arsenal.
Lubin Amat	2	84	R. de la Source.
Lubin Joseph	2	53	Rue Sainte-Marie.
Lubin Jules	1	28	Rue du Rempart.
Lubin Lebon	2	39	Rue Ste-Marie.
Luc	3		Chaudron.
Luc Joseph	2	43	Rue Lafontaine.
Luc Toussaint	1	21	
Luca Fanchin	2		Rue Monthyon.
Lucain Philogène	3	51	Patates à Durand.
Lucas Julien	4	44	Montagne.
Lucas Justinien	4	44	Rue de la Caserne.
Lucas Luc	2	64	Rue Fénélon.
Luce Adolphe	2	39	Camp-Ozoux.
Lucien Charles	2	45	Rue Mazagran.
Lucien Etienne	2	39	Camp-Ozoux.
Lucien Isidore	1	30	
Lucien Louis Jacques	2	69	Providence.
Lucien Philogène	2	56	Bois de Nèfles.
Lucien Pierre Paul	4	63	Montagne.
Lucine Léopold	1	35	R. de la Boucherie.
Lucrèce Charles	2	26	Rue Dauphine.
Lucrèce Hippolyte	1	31	Route Nationale.
Lucrèce Jean-Baptiste	4	64	Rue des Moulins.
Ludovic Alexandre	2	25	Rue St-Bernard.
Ludovic Louis	2	52	R. Sainte-Marie.
Ludovic Louis J.-B.	1	21	
Ludovic Louis Marie	1	29	Rue du Conseil.
Ludry Joseph Georges	1	21	
Luéro Augustin	3	25	Rivière des Pluies.
Luéro Edouard	3	43	dito
Luiso Louis	1	75	Rue Lafférière.
Lumar Louis Marie	4	54	Montagne.
Lupiac Bertrand Alexandre Michel	3	28	Rivière des Pluies.
Luspot Florian	4	27	Montagne.
Lusignan Adolphe	2		Rue Montreuil.
Lusignan Edouard	1	37	Rue de l'Eglise.
Lussan Jean	1	46	Rue Saint-Joseph.
Lüther Horoscope	2	69	Camp-Ozoux.
Lutz Georges	4	49	Petite-Ile.
Lyrne Numa	1	32	R. des Limites.

M

Mabit Alphonse	1	54	R. de Labourdonais.
Macaire Alexandre	4	35	R. de la Boulangerie.
Macarty Mardois-Julien	1	47	Rue du Conseil.
Macé Ernest	1	25	Boulevard Lancastel.
Macé Thomas	2	46	Camp Ozoux.
Maçon Jean	3	63	Chaudron.
Maçon Joseph	3	34	Route Communale.
Maconde Tarcy	1	40	R. du Grand-Chemin.
Macoua Félix	4	58	
Macra Antoine	4		Montagne.
Macrésy Léopold	2	34	Camp-Ozoux.
Macret Joseph-Aristide	4	33	Ruelle Amelin.
Madara Thion	3	67	Chaudron.
Madé Léon	2	28	Rue de la Boucherie.
Madeleine Claude	2	48	Rue du Rempart.
Madran Antony	2	28	R. du Ruis. des Noirs.
Madran Armand	4	46	Quai Ouest.
Madre Charles-Albert	2		R. du Barachois, 194.
Madunoir Charlot-Séverin	4	27	Petite-Ile, 12.
Maduré Saint-Ange	3	48	Chaudron.
Mafal Prosper	3	64	dº
Maffre Mathieu	1	32	Rue du Conseil.
Maffre Numa	4	60	R. de la Boulangerie.
Magallon Marie Joseph	2	23	Rue Dauphine.
Magé	2	32	Rue de Paris.
Maglé Armand	2	46	R. du Ruis. des Noirs.
Magloire Désiré	2	61	Rue Monthion.
Magloire Edouard	2	41	dito
Magloire Ernest	2		Plaine Reydellet.
Magloire Henri	2	37	Rue Monthion, 168.
Magloire Louis	2	41	dito
Magloire Lucile Pierre	2	21	dito
Magloire Louis-Albert	2	26	dito
Magloire Pierre-Volcy	2	40	dito
Magloire Prévil	3	29	Rivière des Pluies.
Magloire Vilpré	2	27	Rue Monthion.
Magné Julien	2	25	Lycée.
Magny Etienne	2	28	Rue Amédée Bédier.
Magny Joseph	2	36	R. Saint-Joseph, 117.
Magny Louis	1	40	dito 49.
Magrin Aurélien	2	53	Rue Saint Denis.
Magrin Chéry	2	43	R. la Boucherie, 124.
Maguin Urbain	4	67	Montagne.
Maguitte Adolphe	2	23	Camp Ozoux.
Maguitte Charles	2	34	Rue du Conseil, 93.
Maguitte Charles-Achille	1	21	Rue des Limites.
Maguitte Ferdinand	1		dito
Mahé Alfred	2	55	Rue Voltaire, 11.
Mahélie Fortuné	1	31	Route Nationale.
Maho Pierre	1	57	Rue Rontaunay.
Mahomet Joseph	2	51	C. Ozoux.
Maillet Aristide	2	41	dito
Maillot Antoine	3	53	Rivière des Pluies.
Maillot Camille	3	34	dito
Maillot Henry-François	1	21	
Maillot Loricourt	1	49	Rte Nationale, 243.
Maillot Lucien	1	41	Rue de l'Eglise.
Maillot René	4	64	Colline.
Mainfroid Ernest	3	43	Patates à Durand.
Maingard Josselin	2	26	Rue Monthyon.
Mainguy Josselyn	2	48	Rue de la Source, 12.
Mainguy Jules	2	30	dº
Mainguy Théodore	1	49	R. du Barachois.
Maître Louis-Ferdinand	1	60	R. du Conseil, 21.
Malac Alizart	2	53	Rue de l'Arsenal.
Malac Eugène	2	28	Camp Ozoux.
Malavois Losucre	1	40	Rue du Cimetière.
Malbert Henri	1	30	Rue du Gd-Chemin.
Malda Dieudonné	3	25	Rivière des Pluies.

Malda Léon	3	23	dº
Malda Léon	3	60	dº
Maldrec Paulin	1	39	Rue du Conseil, 89.
Malgar Jean-Baptiste	1	43	R. de l'Est, 32.
Malherbe François	3	33	R. des Pluies.
Malherbe Jean-Baptiste	3	42	Chaudron.
Malice Joseph	2	54	Camp-Ozoux.
Mallein Frédéric	3	40	Rivière des Pluies.
Mallet Gustave	2	53	Rue Fénelon.
Malo Pierre	3	23	dito
Maloin Joseph	1	43	Route Nationale.
Malveaux Guillaume	1	50	R. de l'Embarcadère.
Malvina Joseph Denis	2	36	Rue du Butor.
Malvoisin Gustave	3	39	Rivière des Pluies.
Malvoisin Léon	1	35	R. de Labourdonnais.
Malzac Victorin	1	45	R. de la Compagnie.
Mamelouck Billa	3	45	Chaudron.
Mamelouck Jean-Marie	3	77	dito
Mamelouck Malchus	3	37	Patates à Durand
Mamer Joseph-Dieudonné	2	45	R. Saint-Philippe.
Manchot Christophe	3	26	Chaudron
Mandar Jules	1	57	Rue de Paris.
Mandus Jeannot	3	23	Rivière des Pluies.
Manès Alfred	2	43	Rue Saint-Denis.
Manès Edouard-Louis-Aimé	2	43	Rue de Paris.
Manès Oscar	2	37	Rue Dauphine.
Mangin Augustin	1	21	
Manglou Laurent	2	40	Camp Ozoux.
Mangot Louis	2	23	Rue Lafontaine.
Manique Alexandre	4	37	Petite Ile.
Manon Henri	2	77	R. Saint-Bernard, 20.
Manon Louis-Marie	4	90	Montagne.
Manos Joseph	2	49	Camp Ozoux.
Mansard Joseph	3	26	Rivière des Pluies.
Manu Louis	1	25	Boulevard Lancastel.
Manu Marcelin	2	59	Saint-François.
Manu Pierre	1	21	
Manu Toussaint	1	22	dito
Manzhin Pierre-Frontin	1	21	
Mapréka Joachim	4		Petite-Ile.
Maquignon Paulin	2	62	Rue Saint-Denis, 11.
Mara Chériseuil	1	37	Rue de la Boucherie.
Mara Jean Baptiste	1	26	R. de la Réunion, 104
Mara Saint-Ange	1	32	dito
Mara Soulange	1	54	Rue de la Boucherie.
Marc Jules	2	48	Camp Ozoux.
Marc Julien	2	29	dito
Marc Victor-Henri	2	45	Rue du Conseil.
Marcadé Prosper	2	40	C. Jacquot.
Marcadé Séraphin	2	50	dito
Marcel Adonis-Bègue	2	29	R. du Barachois, 137
Marchel Charles	1	51	Rue des Limites, 6.
Marcel Dony	2	72	Brûlé.
Marcelin Alexandre	2	29	R. Sainte-Marie, 189
Marcelin Etienne	3	40	Rivière des Pluies.
Marcelin François	2	62	R. du Bois de Nèfles.
Marcelin Mandrin	2	43	C. Ozoux.
Marcelin Pierre	2	38	R. Amédée Bédier.
Marcelin Victor	3	51	Chaudron.
Marcelly Pierre	1	57	Rue Barachois, 21.
Marcely François-Charles	2	36	R. de l'Arsenal, 92.
Marcely Ludovic	1	34	R. d'Assas.
Marcely Michel	4	34	Montagne.
Marcely Philippe	1	27	R. l'Embarcadère.
Marchand Aristide	3	40	Chaudron.
Marchand Edouard Célérine	3	46	dº
Marchand Frédéric	1	22	Camp Génère.

Marchand Jean Marie	2	48	R. Dauphine.
Marchand Philippe	3	67	Rivière des Pluies.
Marché Adonis Roline	2		R. Barachois, 137.
Marçon Alfred	1	29	Boulevard Lancastel.
Marçon Henri	2	46	R. Bertin, 2.
Marçon Hippolyte	1	34	R. de la Compagnie.
Marçon Léonce	2	44	R. Sainte-Marie.
Marçon Marie Louis Eugène	2	21	d°
Marçon Paul	2	21	d°
Marcy Joseph Guillaume	3	45	Bois de Nèfles.
Mardochée Louis	1	43	
Mardon Alexandre	4	60	Quai Ouest.
Mardy Louis	3	59	Rivière des Pluies.
Marélis Elie	3	37	Route Nationale.
Marfil Gervais	1	51	Rue Labourdonnais.
Margueritte Joseph Xavier	1	21	
Marguet Emile Athanase	2	28	R. Saint-Denis.
Marianne Jean Marie	1	42	R. du Rempart, 36.
Marie Appollon	1	59	R. de l'Est.
Marie Augustave	1	21	
Marie Frédéric	1	28	Route Nationale, 311.
Marie François	1	46	R. de Paris, 34.
Marie Hélène Azénor	1	49	R. de l'Est, 83.
Marie Jeanne Chéry	4	78	R. de la Boulangerie.
Marie Jeanne Chéry Jules	4	34	dito
Marie Jeanne Jules Jean-Baptiste	2	36	Camp Ozoux.
Marie Louise Pierre Saint-Ange	1	21	
Marima Pierre Paul	1	52	
Marin Eloi Thom	3	36	Rivière des Pluies.
Marin Honoré	3	60	Bois de Nèfles.
Marin Laurent	2	61	R. Lafontaine.
Maringo Eugène	2	29	R. Bouvet, 3.
Marion Maurice	3		Route Nationale.
Marius Pierre St-Ange	1	39	dito 425.
Marrain Jean Honoré	1	46	
Marivier Adolphe	2	38	Ruelle Pavée.
Marivier Emile	4	23	Rue la Boulangerie.
Maroc Narcisse	1	65	R. des Sables.
Marplomb Jules	1	31	R. du Conseil.
Marquet Ferdinand	2	56	R. de Caen.
Marquet Salomon	1	46	Route Nationale.
Marrau Charles	1	39	R. Four à Chaux, 14.
Mars Denis	2	39	Route Nationale, 228.
Mars Ebert	2	60	C. Ozoux.
Marsan Louis Philippe	3	27	Rivière des Pluies.
Marschal Gullaume	2	24	R. Bois de Nèfles.
Marschal Jules	2	52	Pont Doret.
Marthe Benjamin	3	53	Chaudron.
Marthieu Jules	3	52	Patates à Durand.
Martial Anténor	2	72	R. Sainte-Marie, 30.
Martial Fanchin	2	65	R. Dauphine.
Martial Louis	1	21	
Martial Zénon	2	46	R. Amédée Bédier.
Martignard Henry	1	21	
Martignard Lunion Emile	3	50	Sainte-Clotilde.
Martin Alexis	3	64	Patates à Durand.
Martin Alphonse	2	43	Camp Ozoux
Martin Augustin	1	21	
Martin Constant	2	37	C. Ozoux.
Martin Daniel	1	47	R. Labourdonnais.
Martin Ernest	2	33	Camp-Ozoux.
Martin Florine	2	50	d°
Martin Hercule	3	59	Patates à Durand.
Martin Hyppolyte	2	43	R. Monthion.
Martin Jean	3	63	Chaudron.
Martin Joseph Daniel	1	21	
Martin Louis	1	22	Rue du Conseil.
Martin Mahel	2	63	R. du Barachois.
Martin Octave Auguste	1	37	R. de Paris.
Martine Sylvestre	2	71	C. Ozoux.
Martineau François Gabriel René	1	21	
Martineau Louis Gabriel	2	24	C. Ozoux.
Marvillier Antoine	1	32	Rue Saint-Joseph, 4.
Marvillier Florentin	2	26	R. Sainte-Anne, 100.
Marvillier Noël	1	24	Rue Rontaunay.
Mas Martial Florentin	2	68	R. Saint-Jacques.
Massambo Emile, dit Cassane	2	42	Rue Suffren.
Massé Charles	3	44	Patates à Durand.
Massé Ernest fils	2	31	Rue Dauphine.
Massé Jean Baptiste	3	55	Chaudron.
Massé Joseph	1	21	
Masséna Casimir	3	76	Bois de Nèfles.
Masséna Gustave	2	64	Rue Jacob.
Massiot Auguste	4	50	Quai Est.
Masson Antoine Jean	1	21	
Masson Hippolyte	2	62	Rue du Conseil, 96.
Mathe Sylvestre	1	46	R. des Sables, 53.
Mathieu Constant	3	63	Sainte-Clotilde.
Matréca	4	76	Montagne.
Maubrac Charles	2	58	Rue Rempart, 25.
Mauduis Alfred Melun	2	31	Rue St-Denis, 84.
Mauduis Aristide Melun	2	40	Chaudron.
Mauduis Zéphirin	3	34	R. des Pluies.
Maugon Hippolyte	1	66	Rue Rempart.
Maunier Albert	2	33	Lataniers.
Maunier Alcide	1	32	R. l'Embarcadère.
Maunier Auguste	2	54	Rue Dauphine.
Maunier Charles	2	50	Ruelle Reydellet.
Maunier Charles fils	2	27	d°
Maunier Emile	3	42	R. Bois de Nèfles.
Maunier Ferdinand	2	35	R. Ruisseau des Noirs.
Maunier Joseph	3	30	Bois de Nèfles.
Maunier Joseph Adolphe	2	22	Camp Giron.
Maunier Louis Sautra	2	28	Rue Dauphine, 113.
Maureau Albert Eugène	2	43	Rue de Caen, 15.
Maureau Armand RenéEv.	2	36	Rue Ste-Anne, 21.
Maureau Charles	1	42	R. de Labourdonnais.
Maureau Jean François	1	22	R. de l'Embarcadère.
Maureau Joseph	2	52	Rue Saint-Denis.
Maureau René	1	34	Rue Labourdonnais.
Maurice Jules	4	40	Quai Ouest, 14.
Maury Louis Marie	4	43	Montagne.
Marie Paul	2	39	Rue de la Boucherie.
Maussan Auguste	2	57	Rue Dauphine.
Maussan Louis Auguste	1	23	Rue de l'Est.
Mauvoisin Louis Alfred	1	33	Rue de Paris.
Maxence Charles	1	40	Rue du Conseil, 54.
Maxence Victor	1	50	Route Nationale.
Maxime Tételivo Maximame	2	39	Saint-François.
Maximin Célestin	1	32	Rue Cimetière.
Maximin Maxime	1	82	dito
Mayenne Charles	2	22	R. Saint-Joseph.
Mayenne Louis	1	21	Rue de l'Est.
Mayer Antoine	2	55	R. Monthion, 85.
Mayer Edouard	2	56	C. Ozoux.
Mayer Gustave	2	28	Rue Monthion, 85.
Mayer Paul	2	23	dito
Mayol Edgard	2	34	Ruisseau des Noirs.
Maza Honoré	3	50	Chaudron.
Mazeau Charles	1	42	R. Ste-Marie.
Mazer Louis-J.-Maurice.	1	53	d°
Mazérieux Alfred (de)	1	47	R. l'Embarcadère.
Mazérieux de Coulhac Pierre-Emile	1	49	Rue Labourdonnais.
Mazérieux Prosper (de)	2	38	Rue de Paris.
Mazur Gustave	2	49	Camp Ozoux.
Méco Adolphe	2		R. du Bois de Nèfles.
Méco Elie	2	33	Camp Giron.
Méco Emile	3	21	
Médard Alba	2	66	Bois de Nèfles.
Médard Joseph	2	38	Camp Ozoux.

Médée Ferdinand	2	21	Rue du Conseil.
Médicis Victor-Chéry	1	21	
Médor Paul	1		
Mégro Joseph	2	32	Rue Sainte-Marie.
Méhaignery Pierre-Victor	1	23	R. de la Réunion, 114.
Meignan Félix	1	62	Rue de Paris.
Méla Alphonse	4	28	R. de la Boulangerie.
Mélade Camille-Edouard	4	27	Ruelle Amelin.
Mélade Charles	4	30	R. de la Boulangerie.
Mélanie Albert	1	21	
Mélanie Jules	1	21	
Mélibée Isidore	1	59	Boulevard Lancastel.
Mélin Aristide	3	36	Rivière des Pluies.
Mélin Valéry	3	35	d°
Mélina Jules	2	34	Rue Fénelon.
Mélio Augustin	3	23	Rivière des Pluies.
Mélio Victorin	3	28	Sainte-Clotilde.
Melleraud Fortuné	2	26	R. de la Source
Melleraud de Villars Hyacinthe	2	29	d°
Melleraud de Villars Louis	2	26	d°
Mellon Raymond	1	21	
Mélon Charly	2	44	Rue Sainte-Marie.
Mélon Henry	4	26	Montagne.
Melrose Theï	4	37	Rue de la Digue.
Mélun Jean	1	26	Rue Lafférière.
Mélus Félix	3	52	Rivière des Pluies.
Mémoras Antoine	4	29	Petite-Ile.
Ménabé Félix	4	23	R. de la Boulangerie.
Ménagée	1		Rue du Conseil.
Ménalque Jean-Baptiste	2	30	C. Ozoux.
Ménard	2	52	R. du Bois de Nèfles.
Ménard André	4	74	Montagne.
Ménard Camille	1	34	Rue des Sables.
Ménard Frédéric	1	30	d°
Ménin Jean	2	31	Brûlé.
Ménozier Come	3	34	Rivière des Pluies.
Ménozier Michel	2	22	R. Ruisseau des Noirs
Ménozier Saint-Luce	2	56	dito
Ménozier Thomy	4	30	Rue des Moulins.
Méra Boutiana-Tavana-Thomas	4	35	R. de la Boulangerie.
Méra Valéry	2	36	Rempart.
Méralo Thomas	2	39	Rue Monthion, 105.
Mérancienne Gustave	1	53	Rue du Conseil.
Mérancienne Henri	3	27	Chaudron.
Mérancienne Pierre	3	24	Sainte-Clotilde.
Mérault Auguste	3	66	Rivière des Pluies.
Mérault Auguste	3	28	dito
Mercier Auguste	2	32	Rue de l'Arsenal, 75.
Mercier Léon	4	22	R. de la Boulangerie.
Mercredi Jean-Baptiste	4	74	dito 25.
Mercure Etienne	2	32	Camp Ozoux.
Mercure Joseph	2	33	dito
Mercurien Alfred-Prémont	1	21	
Mérian Eugène	3	36	Patates à Durand.
Méridien Célestin Augustin	2	37	R. Monthion.
Méridien Célestin père	1	61	Rue St-Joseph.
Merlateau Auguste	2	37	Rue Joseph-Hubert
Merlet Charles	2	25	R. de l'Arsenal, 92.
Merlin Daphnis	2	68	Ruelle Reydellet.
Merlin Edouard	2	32	Lataniers.
Merlin Lénorme-Ernest	2	37	d°
Mérovée Alphonse	3	60	Patates-à-Durand.
Mersanne Ferdinand	2	25	Rue Montreuil.
Mery Urbain	1		Rue des Limites.
Mestres Auguste	1	51	R. du Four-à-Chaux.
Métey Antoine	3	54	Rivière des Pluies.
Métisse Gustave	1	44	Route Nationale.
Méven Evariste	2	30	Rue Ste Marie.
Méven Gustave	4	42	R. de la Boulangerie
Méven Marie-Léon-Etienne	2	32	R. Dauphine.
Méviède Fantaisie	4	56	Petite-Ile.

Michée Annibal	4	47	Montagne.
Michel Adrien	1	32	Rue Rontaunay.
Michel Alexandre	4	43	Montagne.
Michel Augustin	4	38	d°
Michel Camille	2	35	R. Monthion.
Michel Edouard	4	28	Montagne.
Michel Eugène Marius	4	38	Petite-Ile.
Michel Frédéric	1	34	R. Saint-Joseph.
Michel Jean-Pierre	4	75	Montagne.
Michel Jean-Baptiste	2	64	Rue Dauphine.
Michel Jean-Marie	2	59	d°
Michel Joseph	3	42	Bois de Nèfles.
Michel Joseph-Hippolyte-Hilarion	1	72	Rue Rontaunay.
Michel Joson	4	37	R. Boulangerie.
Michel Louis-Charles, dit Thomy	2	44	dito
Michel Marcelin	4	34	Montagne.
Michel Noël	4	22	dito
Michelot Louis-Napoléon	1	29	Rue Saint-Joseph.
Michelin Cyprien	1	42	Camp Géner.
Micolier Ernest-Gougeau	3	35	Rivière des Pluies.
Miel Guillaume	3	48	dito
Miel Henri	3	21	
Mignier Aristide	2	45	Rue Monthion.
Mignon Isidore	3	64	Bois de Nèfles.
Mikaël Jean-Baptiste père	2	67	Camp Ozoux.
Mikaël Onésime-Agaton	2	30	dito
Milcent Amand	4	31	Petite-Ile.
Millier Alexandre	1	41	Rue du Conseil
Millier Charles	2	46	R. du Grand-Chemin.
Millier Joseph	2	43	Route Nationale.
Millier Jules	3	44	Rivière des Pluies.
Millerot Valère	3	29	dito
Milon Milanet	2	67	Rue Monthion.
Mineur Alexis	3	30	Rivière des Pluies.
Minga Gustave	2	42	Camp-Ozoux.
Minoi Sylvain	1	48	Boulevard Lancastel.
Minor Joseph	1	21	
Miquel Clément	3	56	Rivière des Pluies.
Mirage Charles Detouche	3		dito
Mirofle François-Thomas	2	36	Rue Saint-Joseph.
Mirthe Noël	2	45	Rue Amédée Bédier.
Missambo Armand	3	81	Rivière des Pluies.
Missus Jules	4	38	R. de la Boulangerie.
Moderne Faustin	2	41	Pont Neuf.
Modeste Elie	2	38	Camp Giron.
Moëlon Achille	4	28	Montagne.
Moëlon Lucine Chéry	4	36	Montagne.
Moër Marcelin	3	61	Chaudron.
Morphie François	2	28	C. Ozoux.
Moha Thomas	1	21	
Moinville Fernand	2	31	Rue de Caen.
Moinville Joseph Marcelin	2	37	Ruelle Pavée.
Moinville Joson Joseph	2	43	Ruelle Pavée.
Moinville Joson Narcisse	2	30	dito
Moinville Joson Pierre	2	35	R. Sainte-Marie.
Moinville Léoville	2	21	R. Lafontaine.
Moiria Antoine	2	44	C. Ozoux.
Moirtier Florent Charles	2	35	R. Saint-Jacques.
Moivre Prosper	1	21	
Molard Pierre	3	61	Rivière des Pluies.
Molier Théodore	3	62	dito
Molo Jules Cyrille	2	39	St-François.
Monaco Joseph Raphaël	1	21	
Monaco Raphaël	3	72	Patates à Durand.
Monard Joseph	4	52	Montagne.
Monard Joseph	3	46	Rivière des Pluies.
Monard Pierre	3	70	d°
Monchéry Auguste	4	29	R. de la Boulangerie
Monchéry Charles Henri	1	40	Boulevard Lancastel.
Monchéry Emile	2	32	R. de l'Arsenal.
Monchéry Marie-Jeanne	2	46	Rue Dauphine, 149.

Monchéry Pierre	2	50	R. Bouvet, 55.	Morico Eugène	1	23	dito
Monchougny Auguste fils	4	26	R. Amelin.	Morière Pierre	1	58	
Monclar Julien	3	64	Patates à Durand.	Morillo Lauristan Adonis	4		Montagne.
Moncœur Aristole	2	36	R. Suffren.	Morille Garçon	2	47	C. Ozoux.
Mondé Victor	2	67	Rue de Caen.	Morin Edouard	1	48	R. la Compagnie, 198.
Mondésir Emile	1	22	R. de l'Est.	Morin Etienne	1	21	
Mondésir Jules Ferdinand	2	35	Rue Joseph-Hubert.	Morin Richard	4	24	Montagne.
Mondissa Espérance Vitory	1	28	R. Labourdonnais.	Morin Jean-Baptiste	3	32	Sainte-Clotilde.
Mondur Georges Frécy	3	42	Rivière des Pluies.	Morin Jules Aimé	3	43	Bois de Nèfles.
Mondur Gustave	2	25	R. de l'Arsenal	Morin Jules Aimé fils	2	26	R. Bertin.
Mondur Louis	3	66	R. des Pluies.	Morin Léon	3	30	Montagne.
Mondur Paul	3	32	Bois de Nèfles	Morin Michel	4	60	dito
Mondy Jean Marie	3	29	Rivière des Pluies.	Morisse Auguste François			
Monge Sémillant	3	34	Patates à Durand.	Eugène	1	21	
Monié Jean-Baptiste	1	52	R. Nationale.	Morisse Eugène	2	52	R. Dauphine.
Monin Charles	1	28	Rue de la Réunion.	Mormier Alexandre	3	25	Rivière des Pluies.
Monin Joseph	2	58	R. Sainte-Marie.	Mornay Henri	4	37	Petite-Ile.
Montagné Alfred	1	23	R. Labourdonnais.	Mornier Didier	1	21	
Montagné Joseph	1	21	dito	Morquère Aristole	2		Rue Monthion.
Montagné Jacques	1	56	dito	Mortier du Popiné André	3	29	Rivière des Pluies.
Montant Charles	2	29	R. Sainte-Marie.	Morvan Olivier	1	32	Rue du Barachois
Montarby Arrouet	2	81	R. Saint-Denis, 84.	Mottet François-Marie-			
Montarby Arrouet fils	2	34	Rue Sainte-Marie.	Ange	1	70	R. la Compagnie, 12.
Montarby Aurélien	2	47	R. Sainte Anne.	Mottet Paul	1	47	R. Réunion, 109.
Montauban Alexandre	1	49	R. des Limites.	Mottet Victor	1	56	Rue Compagnie, 12.
Montauban Camille Joseph				Moucany Pierre Eugène	1	21	
Alexandre	1	30	dito	Mouchès Célestin	2	48	B. Doret.
Montauban Louis Augustin	1	44	R. de l'Est, 86.	Mougin Paul Nicolas	2	30	Rue Saint-Denis.
Montauban Paul	1	56	Boulevard Lancastel.	Mougon Paul	2	27	Camp Ozoux.
Montbeillard Joseph	4	42	R. de la Boulangerie.	Moulard	2	53	Saint-François.
Montbelley Léodegard	1	63	R. de la Compagnie.	Moulenat Emile Joseph	1	36	R. de l'Eglise, 46.
Montcelin Barthélemy	4	28	R. Boulangerie.	Moulères Pierre Antoine	2	57	R. Gd.-Chemin, 118.
Montclair Arthur	2	64	Camp-Ozoux.	Moulier Givonne Decampe	2	33	Camp Ozoux.
Monte Louis	1	21		Mouniche Adrien-J.-B.-			
Montendre Prosper	2	49	R Sainte-Anne, 101.	Florimont	1	21	
Montholan Bertrand	2	58	R. du Conseil, 163.	Mousseaux Alexandre	1	30	R. Barachois, 61.
Montjoie Stéphène	1	21	R. des Limites.	Mousseux Champagne	2	72	Camp Ozoux.
Montjole Grâce	2	62	R. Saint Bernard.	Mousseux Paul	2	23	dito
Montjole Jean-Baptiste	2	33	R. Dauphine, 126.	Mousseux William	2	28	dito
Montpellier Rosaire	2	73	dito	Moussin Jules	1	35	R. Labourdonnais, 36.
Montpremier Enor	1	80	Rue de Paris.	Moussoir Joseph Alphonse	2	71	R. Dauphine, 128.
Montreuil Gustave	1	36	Rue Lafférière.	Mousquet Pierre Théodore	1	21	
Montrose Albinus	4	28	Petite Ile.	Mousquetou Pierre	1	21	
Montrose Alphonse	1	50	R. des Limites.	Mrigaud Anicet	2	41	R. Boucherie, 101.
Montrose Charles	1	34	Rue de l'Eglise	Mrigaud Philogène	1	45	Rue de l'Est.
Montrose Prosper	3	79	Rivière des Pluies.	Mrillo Joachim	1	31	R. Réunion, 102.
Moraïda Joseph	3	25	d°	Multin Louis	1	26	Route Nationale.
Morange Jean-Baptiste-				Multier Jacob	1	49	Rue de l'Est.
Gustave	1	21		Murat Charles E. Théodore	2	36	Rue de Paris.
Morange Prosper	1	53	Rue de l'Eglise, 49.	Murcy Augustin	3	25	Sainte-Clotilde.
Morat Pierre	2	48	R. Lafontaine.	Murcy Louis	3	46	Chaudron.
Morate Aurélien	2	54	R. la Boucherie, 144.	Murcy Louis Marie	1	21	
Morau Achille	4	49	R. de la Boulangerie.	Murcy Romain	1	25	Route Nationale.
Morau Azor	3	72	Rivière des Pluies.	Muret Florello	3	33	Patates à Durand.
Morau Nomédée	4	52	Quai Ouest.	Muret Volange	1	62	B. Lancastel, 78.
Morel Edmond	1	44	Rue de l'Eglise.	Musard Machabée	2	37	C. Ozoux.
Morel François	2	52	Camp Ozoux	Mysus Jules	4	37	R. de la Boulangerie.
Morély Charles	1	57	Route Nationale.				

N

Nagès Frédéric	1	38	Rue de l'Est.
Nagès Jean Marie	1	24	dito
Nagès Saint-Ange	1	30	Rue du Rempart
Nal Louis	1	21	
Nal Louis Sylvain	2	45	Camp-Ozoux.
Namataraca	4	69	Montagne.
Nanclet Henry	1	74	dito
Naninck Henry	2	67	Rue Dauphine, 70
Nantais Henry	4	43	R. de la Boulangerie.
Nantaise Charles Eugène	1	21	
Nantaise Jean-Baptiste Charles Alexandre	1	21	
Nantiec Joseph J.-Baptiste	1	21	
Napoléon Jean-Baptiste-Louis	1	21	
Napoléon Joseph Désiré	1	21	
Napoly Adolphe fils	2	39	Rue Dauphine.
Napoly Charles	2	24	d°
Napoly François	2	34	Rue Saint-Denis, 77.
Napoly Julien	1	21	
Napoly Philogène	2	38	Rue Dauphine.
Narbonne Camille Louis Auguste	2	27	Rue St-Joseph.
Narbonne Jean-Baptiste	1	37	Route Nationale, 171.
Narcisse Alidor fils	2	29	Rue Suffren
Narcisse Jérôme	2	41	Rue Bertin.
Narcisse Sylvain	3	84	Chaudron.
Narcy Augustin	4	79	Montagne.
Narima Séraphin	4	31	dito
Natchou Louis Marie	1	21	
Naturel Fortuné	1	44	Rue Labourdonnais.
Naturel Louis	2	43	Rue Fénélon.
Naturel Paul Emile	2	30	Rue St-Denis.
Nau Jules	1	21	
Naza Alphonse Thémy	2	31	Camp-Ozoux.
Naze Camille-Laurent	2	22	Rue Monthion.
Naza Antoine	2	36	Rue Mazagran.
Naze André	1	33	Rue de la Réunion.
Naze Antoine	3	52	Rivière des Pluies.
Naze Garçon Violaine	2	59	Rue Monthion.
Naze Laurent J.-Baptiste	2	26	Rue Monthion.
Naze Laurent	2	54	Boulevard Doret.
Neichin Gustave François	3	31	Chaudron.
Nélo Noël	2	23	Rue du Barachois.
Nelson Joseph	2	77	Ruelle Pavée.
Nelson Luc	3	25	Rivière des Pluies.
Nelson Pierre Boucher	1	69	Boulevard Lancastel.
Nérac Léonard Amédée	1	42	R. Saint Joseph.
Nérina Henri	4	28	Montagne.
Nerpour François	1	21	
Nésus Edouard	2	57	Rue S.-Jacques, 10.
Neula Ernest	4	27	R. de la Digue.
Neuville Adrida	1	43	Rue Lafférière.
Neuville Auguste	2	27	Rue la Boucherie.
Neuville Philothée	2	48	Lataniers.
Neveu Elie	3	47	Patates à Durand.
Niagara Charles Judith	2	64	Rue Bouvet.
Nibale Jules	2	49	Camp-Ozoux.
Nicaise Clément	3	66	Rivière des Pluies.
Nicam Fanchin	1	44	Rue Rontaunay.
Nicolas Auguste	2	34	Rue l'Arsenal, 98.
Nicolas Ernest	1	46	Rue Réunion, 63.
Nicolas Eugène	1	21	
Nicolas Henry	2	29	Rue Monthion.
Nicolas Joseph	2	32	Camp-Ozoux.
Nicolas Pierre	1	21	
Nicolas Thomas	3	68	Patates à Durand.
Nicole Gustave	2	46	R. Ste-Anne et Gd-C.
Niécro Charles	1	21	
Niésor Edouard	2	33	Camp Ozoux.
Niger Alphonse-Léonard	1	26	Parc d'Artillerie.
Nilaup Paulin	3		Chaudron.
Nital Janvier	1	61	Boulevard Lancastel.
Nobard Pierre-Louis	1	50	Rte Nationale.
Nobard Pierre-Louis-Pader	3	51	Sainte-Clotilde.
Nobard Saturnin	3	41	dito
Nobard Séverin-Pader	3	34	dito
Nodier Ernest	2	42	R. Dauphine, 151.
Noël Ernest	2	22	R. du Barachois, 157
Noël Etienne	2	59	dito
Noël Etienne fils	2	23	dito
Noël Henry	2	26	R. Saint-Philippe.
Noël Joseph Etienne	2	27	R. du Barachois, 157.
Noël Pierre	1	28	R. des Limites.
Nogues Auguste-Marie	2	75	R. St-Denis, 57.
Nogues Louis	2	47	dito 37.
Nolépit Ernest	2	25	Rue Dauphine.
Nolland Charles-Pierre	3	39	Chaudron.
Nolland Victor	3	38	dito
Noma Albert	2	22	Rue Malartic.
Nomie Paul	2	42	Rue Saint-Denis.
Nougau	1	62	Rue des Limites, 8.
Nopla Jean-Bapt^e-Etienne	2	25	Camp-Ozoux.
Noran Honoré	1	60	R. Labourdonnais, 90
Norbert Gilbert	3	54	Rivière des Pluies.
Norbert Louis	2	54	Route Nationale, 352
Norbert Sylvert-Lerouge	3	57	Chaudron.
Nord Lucien	2	49	Rue de Caen, 5.
Norlay Jean-Baptiste	1	21	
Norpha Eugène	2	38	Camp-Ozoux
Norpha Ferdinand	1	45	R. du G.-Chemin, 65
Norpha Maurice	2	30	Camp-Ozoux.
Nortan Anténor	2	64	dito
Nortan Jean-Pierre	1	27	Rue de Paris.
Notaise Christian	2	40	Rue du Conseil.
Notaise Joseph	1	22	Rue de la Réunion.
Nougaret Adolphe	1	71	R. de la Compagnie.
Novembre Victor	2	59	Camp-Giron.
Noyal Jean-Baptiste	1	21	
Nualas Jean-Pierre	2	38	Saint-François.
Nugent Arthur	2	55	Camp-Ozoux.
Nugent Arthur fils	2	23	dito
Nugent Félix	2	21	dito
Numa Augustin	2	67	dito
Nunis Achille	1		Rue de Paris.
Nuptiales Charles	1	21	
Nys Pierre	1	30	Rue Rontaunay.

O

Obel Julien	2	68	Rue St-Philippe.
Ocouet Edmond	1	26	Rue des Limites.
Ocouet Louis-Jules	1	21	
Ocouet Victor	1	36	Rue des Limites.
Octavo Louis-Augustin	1	24	Rue de la Batterie.
Oddoz Eugène-Lucien	4	25	R. de la Boulangerie.
Odon Etienne	2	55	Route Nationale.
Odon Etienne fils	2	33	dito
Odon Ferdinand	2	47	Rue Sainte-Marie.
Odon Gabriel	2	24	Route Nationale.
Odon Joseph	2	29	Rue Lafontaine.
Odon Pierre-Etienne	1	21	
Odule Joseph	3	29	Rivière des Pluies.
Odule Jules	2	22	Rue d'Après.
Oliman Vanté-Benjamin	4	28	R. de la Boulangerie.
Olive Edouard	2	65	Camp Giron.
Olivier Anténor-Brigite	2	28	Rue de la Boucherie.
Olivier Joseph	1	24	Rue du Rempart.
Olivier Jules	3	39	Chaudron.
Omiéron Barthélemy	3	74	Sainte-Clotilde.
Omphale Honoré	2	48	Camp-Ozoux.
Optat Garçon-Prosper	2	40	dito
Orange Joseph	3		Chaudron.
Orès Moïse	2	34	Camp Ozoux.
Oriot Auguste	2	29	Rue de Paris.
Orisse Antoine	2	47	Rue Malartic.
Orphée	4	87	R. de la Boulangerie.
Orphée Adolphe	3	32	Bois de Nèfles.
Orphélien Amédée fils	2	32	Camp Ozoux.
Orphila Jean-Fernand	1	21	R. de la Compagnie.
Orsini Furcy	1	37	Rue du Barachois.
Orsini Léon	2	32	Rue Mazagran.
Orthère Alphonse	1	58	Boulevard Lancastel.
Orthosie Henr	2	34	Rue Poivre.

Orthosie Hippolyte	2	34	Rue Bertin.
Orval Cyrille	1	39	Rue de l'Est.
Orval Louis-Edmond	1	21	
Orvet Auguste	2	66	Camp Giron.
Oscar Joseph	1	21	
Oscar Paul	2	49	Rue Sainte-Marie.
Osmin Passo	1	62	Ruelle du Cimetière.
Osnon Garguet-Adolphe	2	42	Rue Jacob.
Osnon Saint-Romain	1	21	
Osserie Fantaisie	3	62	Rivière des Pluies.
O'Toole Thomy	1	40	Rue de la Compagnie.
Oudin Camille	2	25	Rue Saint-Denis.
Oudin Charles	2	31	dito
Oudin Ferdinand	2	59	dito
Oudin Ferdinand	2	29	dito
Oudinot Prosper	4	83	Montagne.
Oursault Ernest	1	35	Boulevard Lancastel.
Oury Jean-Baptiste	2	47	Rue de l'Arsenal
Ouvre l'Oeil-Joseph	2	59	Rue Reydellet
Ousdal Florville	2	31	Route Nationale.
Ouvrard Clément	1	41	Rue de l'Eglise.
Ouvry Pierre-Maurice	1	21	
Ova Jules	2	41	Camp Ozoux.
Ova Pierre-Oscar	1	21	
Oval Cyrille	1	41	Rue de l'Est.
Oven Camille	1	21	
Ovide Pierre	2	61	Brûlé.
Ovois Jean-Baptiste	2	47	Rue Dauphine.
Oxillus Aimable	3	62	Chaudron.
Ozoux Gabriel	1	22	Rue du Conseil.
Ozoux Léonce	2	46	Rue Sainte-Anne.

P

Paillassard Athis	1	45	R. des Limites.
Paillaud Joseph	1	36	R. du Rempart.
Pailles Blaise	1	35	R. du Barachois, 65.
Paillet Julien	1	42	Route Nationale.
Paillion Maximilien	2	51	R. Ste-Anne.
Pajot Elie	1	76	R. du Conseil, 89.
Palamède Edouard	2	54	R. Dauphine, 42.
Palereau Maximilien	2	54	R. Ste-Anne, 97.
Palla Jean-Baptiste	1	21	
Pallard Fortuné	2	27	R. Saint-Philippe.
Palmas Achille (de)	2	55	R. Dauphine, 32.
Palmas Alfred (de)	2	47	R. de l'Arsenal, 78.
Palmas Edgard (de)	2	26	R. Dauphine, 32.
Palmas Thomy (de)	2	58	R. de l'Arsenal.
Palméa Sabria	2	58	C. Ozoux.
Palmier Caprice	2	56	C. Ozoux.
Palmont Alphonse	4	25	R. Caserne, 11.
Palmont Caprice	2	54	Route Nationale, 311.
Palmont François Alfred	4	44	Rivière.
Palmyra Antoine	2	40	R. Sainte-Anne.
Palras Benjamin	1	49	Boulevard Lancastel.
Panard Auguste	1	39	dito
Pancera Casimir Albert	1	29	R. St-Joseph, 123.
Pandion Urbain	3	38	Chaudron.
Panéta Edmond	1	21	
Papillon Laurent	2	77	R. d'Après, 17.
Pardu Paulin	3	58	Chaudron.
Parent Aspet	1	32	Route Nationale, 319.

Parent Charles	2	35	R. Ste-Marie, 44.
Parent Etienne	2	36	Boulevard Doret, 52.
Parent Gabriel	1	22	R. de l'Embarcadère.
Parent Louis Léonce Albert	2	21	R. St-Joseph, 100.
Parent Marie Fréd. Emile	1	21	
Parent Paul	2	60	R. du Bois-de-Nèfles.
Parent Pierre	2	49	R. St-Joseph, 100.
Pargas Jean-Baptiste	1	23	R. la Réunion, 121.
Pargas Juste	1	41	dito 158.
Paris Altéma dit Théodore	2	35	Pont neuf.
Paris Eugène	3	57	Rivière des Pluies.
Paris Gervais Joseph	1	21	
Paris Jean Paul	2	51	R. Ruisseau des Noirs
Paris Osério	1	62	Parc d'artillerie.
Paris Paul Georget	1	21	
Paros Casimir	3	60	Bois de Nèfles.
Pascal André	3	26	Rivière des Pluies.
Pascal Joseph Pierre	2	29	R. Ste-Anne, 32.
Pascal Louis	3	41	Bois de Nèfles.
Pascal Théophile Jean	1	54	R. des Limites, 4.
Pascal Valcourt	1	31	R. de Paris.
Passerel Edouard Duchêne	1	21	
Pastour Jean-Baptiste	1	42	R. l'Embarcadère.
Patoureau P^{re} Vital Julien	4	45	R. de la Boulangerie
Patrice Lamare	3		Rivière des Pluies.
Patronie Alidor	3	46	Chaudron.
Patureau Nicéphore	3	56	Patates à Durand.
Patureau Simon	3	61	Sainte-Clotilde.

Paul Edouard	1	37	R. du Grand-Chemin.
Paul Emile	2	41	R. de l'Est, 36.
Paul Eugène	2	52	R. Suffren, 16.
Paul Jacques	2	34	R. Sainte-Marie, 125.
Paul Jean-Baptiste	2	27	Rue Voltaire, 10.
Paul Jean Baptiste	4	31	R. de la Boulangerie.
Paul Jean-Baptiste	1	21	
Paul Victor	2	32	Camp-Ozoux.
Paulet Auguste Jutin	4	38	Impasse du Pont.
Paulet Camille	1	26	Boulevard Lancastel.
Paulet Charles	2	27	R. Liancourt.
Paulin Jean Pierre	2	70	Rue Bertin.
Paulin Ludovic	2	53	C. Ozoux.
Paulo Joseph	2	42	d°
Paulo Pierre Rodolphe A.	4	24	R. de la Boulangerie.
Payen Prosper	2	70	Route Nationale.
Payet Damase	3	36	Rivière des Pluies.
Payet Ernest	3	34	d°
Payet Ernest	1	35	R. du Conseil, 4.
Payet Etienne	1	32	d° 4.
Payet Frédéric	1	57	d° 91.
Payet Jules	3	35	Rivière des Pluies.
Payet Ludovic	2	32	Rue Fénélon.
Payet Marie Montfleury	3	65	Rivière des Pluies.
Payet Noël	1	48	R. du Conseil, 4.
Payet Raoul	2	26	Rue Fénélon.
Payet Séraphin	2	28	d°
Payet Théodore	3	23	Rivière des Pluies.
Pech Jean-Baptiste	4	74	Quai Ouest.
Péchault Julien	2	46	Rue Poivre, 92.
Pèche Martin	1	58	Place Gouvernement.
Pecker Félix	1	70	R. de la Réunion, 94.
Pecker J.-B. Gabriel V.	1	23	dito
Pédil Ernest	2	34	Camp Ozoux.
Pèdre Emilien	1	32	Boulevard Lancastel.
Pèdre Eugène Théodore	2	22	Rue Saint-Denis, 88.
Pèdre Henri	2	24	R. St-Denis.
Pèdre Joseph	2	62	R. de la Boucherie.
Pédro Aimé	1	21	
Pédro Pierre	2	48	Rue Dauphine.
Pégrin Alidor	3	32	Rivière des Pluies.
Pégrin Pierre	3	76	d°
Peindray Aristide	2	28	C. Ozoux.
Peindray d'Ambelle Marius (de)	4	27	Rue de la Digue.
Peindray Hippolyte (de)	4	34	R. de la Boulangerie.
Péladan Antoine	4	30	d°
Pelbio Joseph	1	38	Rue du Rempart, 32.
Pélicourt	4	54	R. de la Digue.
Pénélope Jouan	2	68	Rue Dauphine.
Pénet Antelme	2	44	Route Nationale.
Pénix Auguste-Renaud	2	27	R. Monthion.
Pépin Amédée	2	33	R. Lafontaine, 75.
Péprin Joseph	4	31	Petite-Ile.
Pérard Jean-Nicolas	2	80	Rue l'Arsenal, 18.
Perciot Claude fils	2	29	Saint-François.
Perfilion Edouard	4	47	Quai Ouest.
Périer Antoine	2	37	Rue du Rempart, 66.
Périer Joseph	2	30	d°
Perlin François Claude	4	38	Quai Ouest, 38.
Perly Eugène	2	42	Rue Monthion.
Perly Jean-Marie-Pierre	2	33	Rue Joseph Hubert.
Perment Charles	3	72	Sainte-Clotilde.
Pernon Edouard	2	34	Rue du Butor.
Pernot François-Xavier	2	51	Brûlé.
Perrault Henri-Jean-Baptiste	2	39	Rue Dauphine.
Perrault Jean-Baptiste	2	28	R. Saint-Denis.
Perrault Léon	2	25	Rue de la Source.
Perrault Ludovic	2	25	Rue Voltaire, 55.
Perrault Vilfrid	2	42	Rue Dauphine.
Perrière Clément	1		R. de Paris.
Perrin Adrien	2	27	R. Sainte-Anne, 32.
Perrin Edouard	1	33	R. de l'Est.
Perrine Jean-Baptiste-Ferdinand	1	21	
Perrine Victor	1	29	Rue Labourdonnais.
Perrot Albert	2	34	Rue l'Arsenal, 98.
Perrot Saint-Ange	2	69	Rue Fénelon.
Perrot Théodore	1	39	Rue des Sables.
Perrotin Charles-François	1	47	Rue du Barachois.
Perruchot Auguste	2	60	R. Sainte-Anne.
Persan Pierre-Félix	2	47	Rue du Rempart.
Péters Pierre	2	54	Rue Amédée Bédier.
Pétil Adrien	2	35	Camp Ozoux.
Pétil Félix-Antoine	2	26	Camp Giron.
Pétil César-Auguste	2	61	Camp Ozoux.
Pétil Gérôme	2	29	dito
Pétion Jules	1	21	
Petit Elie-Célestin	4	50	R. de la Boulangerie.
Petit Gauthier Pierre	3	58	Sainte-Clotilde.
Petit Hippolyte	1	38	Rue de l'Est.
Petitnicolas Auguste	2	45	R. Saint-Denis.
Petit Paul-Marie-Alphonse	1	21	
Pétrain Jules	2	25	R. Sainte-Marie, 59.
Pétuole Adrien	2		R. du Bois de Nèfles.
Peyous Jean	4	42	Rue de la Caserne.
Peyron Louis-Marie Joseph	1	30	R. du Grand-Chemin.
Peyrou Pierre-Léon-Auguste	1	60	Rue de Paris.
Pezzani Léonce	1	31	R. de la Réunion.
Phanor Victor	2	68	Rue Ste-Marie.
Phar Joseph	2	65	Brûlé.
Phélippeau Jean-François	1	48	Route Nationale.
Philandre Ernest Paphus	3	34	Chaudron.
Philandre Martin Paphus	3	43	dito
Philéo Sévère	2	47	Camp Ozoux.
Philibert Emile	4	43	R. de la Boulangerie.
Philibert Théodore	2	38	Bd. de la Source.
Philidor Bernardin	4	50	Petite Ile.
Philippe Albert	1	32	R. de la Boucherie.
Philippe Alcime	4	66	Rue de la Digue.
Philippe Davilmar	2	48	R. Amédée Bédier.
Philippe Davilmar Gustave	3	37	Providence.
Philippe Davilmar Marville	2	36	Rue Amédée Bédier.
Philippe Elgérard	3	39	B. de Nèfles.
Philippe François	1	40	Rue des Limites, 10.
Philippe Hardy	4	54	R. de la Boulangerie.
Philippe Joseph	1	23	Rue de l'Est.
Philippe Melchior	4	41	Quai Ouest, 70.
Philippe Nessor Pierre	1	34	Rue Rontaunay.
Philippe René Alexandre Alcime	4	27	Rue de la Digue.
Philippe Rodila	2	36	Rue Jacob, 41.
Philippe Victor	2	29	Ruelle Boulo.
Philogène Auguste	4		R. de la Boulangerie.
Philogène Emile	2	39	Camp Ozoux.
Philogène Philagor	1	33	Rue des Limites, 6.
Philomé Auguste	3	25	Chaudron.
Philotée Ernest	3		Patates à Durand.
Phoéron Luc Joseph	1	21	
Phoque Paul	2	45	Brûlé.
Piblale Paul	4	35	R. de la Boulangerie.
Pic Jean-Baptiste	4	30	Petite-Ile.
Picard Anatole	2	25	Rue Saint-Denis.
Picard Victor	4	42	Rue de la Caserne.
Picuré Gaspard	1	38	Rue du Rempart.
Pierre Abel	2	30	Rue du Barachois.
Pierre Achille	2	61	Rue Dauphine.
Pierre Adolphe fils	1	27	R. de l'Embarcadère.
Pierre Albert	1	31	Rue de Paris.
Pierre Albert	4	30	R. de la Boulangerie.
Pierre Alcide	2	39	R. du Grand-Chemin.
Pierre Alexis	1	28	R. Moulin à Vent.
Pierre Alfred	2	49	R. Sainte-Marie.
Pierre Alphonse	3	34	Sainte-Clotilde.

Pierre Antoine	2	44	R. Sainte-Marie
Pierre Azor	2	60	Lataniers.
Pierre Camille	2	25	Rue Poivre
Pierre Caprice	2	29	Camp Giron.
Pierre Charles	2	25	Ruisseau des Noirs.
Pierre Edouard	2	31	Rue des Limites, 46.
Pierre Elie	2	68	Rue Dauphine.
Pierre Elie Tockembourg	1	53	Rue du Barachois.
Pierre Henri Félix	4	52	Rue la Boulangerie.
Pierre Jean	3	38	Patates à Durand.
Pierre Jean	4	57	Rue des Moulins.
Pierre Jean-Baptiste	1	48	Rue de Paris.
Pierre Joseph	2	69	Rue Bertin, 40.
Pierre Joseph-Louis	2	61	R. Sainte-Marie.
Pierre Louis	2	31	Rue Monthion.
Pierre Louis	2	42	Camp-Ozoux.
Pierre Oscar	2	50	Camp-Ozoux.
Pierre Paul	1	46	R. Labourdonnais.
Pierre Paul	4	44	R.de la Boulangerie.
Pierre Paul	2	74	Saint-François.
Pierre Paulin	2	50	Camp-Ozoux.
Pierre Sage	1	48	Rue l'Intendance.
Pierre Victor	3	32	Sainte-Clotilde.
Pierre Victor-Fabien	3	37	dito
Pierretti Jules	2	33	Rue de l'Arsenal.
Pierron Pierre	1	21	
Pierron Pierre-Louis	2	56	Brûlé.
Pierrot	2	49	Rue Monthion.
Piette Camille	1	30	Rue du Conseil, 78.
Pignolet Féréol	2	34	Rue Saint-Joseph
Pignolet Joseph	2	32	Rue Bouvet, 63.
Pillot Auguste	1	29	Rue des Limites.
Pineau Auguste	4	49	Montagne.
Pinel Joson	3	74	Chaudron.
Pion Soliman	1	64	Rue de Paris.
Piquan Adolphe	1	21	
Piquet Prudent Joseph	1	21	
Piqueur Alphonse	1	64	Rue des Limites.
Pisco Lamitié	3	75	Patates à Durand.
Piterne Pierre	2	63	Rue Amédée Bédier.
Pithol Horace	2	74	Brûlé.
Pitienne Jules	3	38	Chaudron.
Pitienne Philogène	3		Rivière des Pluies.
Piton Auguste Bayel	3	47	Sainte-Clotilde.
Piton François	2		C. Ozoux.
Piton J.-B. Jean-Marie	1	21	
Piton Philogène	4	54	Quai Ouest.
Piton Victor	2		Ruisseau des Noirs.
Pitou Casimir	4	22	R. de la Boulangerie.
Pitou Emile	1	31	Rue du Conseil, 4.
Pitou Louis	2	44	Rue Dauphine.
Pitou Louis Evangéliste	2	52	Rue Sainte-Anne.
Pitou Pierre Loricourt	4	39	Montagne.
Pitou Sévère	4	53	R. de la Boulangerie.
Planchet Adonis Ernest	2	38	C. Ozoux.
Planté Abda	1	52	Rue de Paris.
Pluies Aristole	3	27	Patates à Durand.
Pluies Hippolyte	3	34	dito
Pluies Jean-Baptiste	3	44	dito
Pluies J.-Pierre Pierre-J.	3	39	dito
Pluies Pierre-Paul	1	27	Rue de Paris.
Poignand Georges Jean-Gabriel	2	30	Rue de Paris.
Poirier Maclorinde Aurélien	1	34	Route Nationale.
Poirier Maclorinde Fortuné	1	36	dito
Poirier Mazaé Valentin	2	53	Rue d'Après.
Poisson Albert	1	30	Rue du Barachois.
Poissy Bertin Denis	4	46	Petite-Ile.
Poissy Doublet	4	32	dito
Poline Amédée	2	44	Rue Dauphine.
Pollux Sempo Isidore	2	52	Brûlé.
Polo Joseph	2	49	C. Ozoux.

Polo Saint-Ange	4	23	R. de la Boulangerie.
Polydor Gabriel	2	61	C. Giron.
Polyphonte Augustin	4	44	Montagne.
Pommadère Amable	1	52	R. du Grand-Chemin.
Pommadère Charles	2	28	Rue Fénelon.
Pommadère Pierre	2	42	C. Ozoux.
Pommier Jean	2	58	Rue Dauphine.
Pommier Jules	2	34	Rue du Conseil, 149.
Pompée Frédéric	2	37	Route Nationale.
Pompée Lasure	3	72	Rivière des Pluies.
Pompée Philippe	2	34	Rue du Conseil.
Pompée Simarouba	2	81	Rue l'Arsenal, 94.
Pompée Valentin	2	38	Rue du Conseil, 119.
Pomphili Philippe	2	50	Rue Saint-Denis.
Pompilius Numa	3	71	Chaudron.
Pontgérard Etienne	4		Montagne.
Pontiac Jean-Pierre	1	21	
Pontiac Pierre-Hélène	2	41	Camp Giron.
Porphyre Edouard	1		Rue du Barachois, 27
Portebrise Charles	4	63	Montagne.
Portugais Victor	3	28	Rivière des Pluies.
Posé Louis	4	54	Ruelle Amelin.
Posé Louis fils	4	23	Petite Ile.
Pothin Simon	1	30	Rue du Conseil, 69.
Potier Auguste-Adolphe	1	39	R. de la Compagnie.
Potier Ernest-Auguste	2	43	Rue Sainte-Anne, 83.
Potier Julien	2	43	Rue Bertin, 33.
Potier Théodore	2	28	R. Lafontaine.
Potier de La Houssaye E.	2	33	R. Dauphine, 83.
Potignon Jacques	3	75	Rivière des Pluies.
Potier Louis	4	55	R. de la Boulangerie.
Poulaya François	2	32	C. Ozoux.
Poulaya Pierre	1	33	Boulevard Lancastel
Poulaya Piton Victor	2	38	Ruisseau des Noirs.
Poulaya Toussaint	2	56	C. Ozoux.
Pouliquen Louis-Pierre	2	49	Rue du Barachois.
Poupard Jules François	1	39	Rue de la Compagnie.
Pouro Oscar	3	27	Rivière des Pluies.
Pourquier J.-B.-Albert	1	21	Route Nationale.
Pourquier Julien	1	55	Rue Saint-Joseph.
Poussy	4	58	Petite Ile.
Pradia Simon-Joseph	3	61	Sainte Clotilde.
Pradier Joseph	2	64	Rue Joseph Hubert.
Pradure Anicet	2		Boulevard Doret.
Prady Elie-Ingratius	1	59	Rue de l'Est, 62.
Prau Pierre	2	69	C. Ozoux.
Prébay Joseph-Henri-Alfred	2	24	Rue Sainte-Marie.
Précourt Louis Jean-Baptiste	3	52	Rivière des Pluies.
Prédu Jean fils	1	32	Rue de l'Eglise.
Prédu Saint-Jean	1	63	dito
Prégent Aubin	2	57	Ruisseau des Noirs.
Prégent Guillaume	2	58	Rue Dauphine.
Prégent Guillaume fils	2	30	dito
Prémont Alexandre	1	41	R. de l'Embarcadère.
Prémont Adonis	1	72	Rue Saint-Joseph.
Prémont Augustin	4	67	Montagne.
Prémont François	1	28	Route Nationale.
Prémont François	4	58	Rue du Pont.
Prémont Léon	2	32	Rue Dauphine.
Prémont Louis	2	54	R. St-Joseph.
Prémont Tranquille-Edmond	4	42	Petite Ile, 8.
Préquette Arnal	2	34	Saint-François
Présent Célestin	2	40	Camp Giron.
Presto Arcade	2	71	R. la Compagnie.
Presto Janola	4	71	Montagne.
Presto Joseph	2	28	Rue Lafontaine.
Presto Pierre	2	60	Camp Ozoux.
Presto Pierre	3	74	Chaudron.
Prétésa Philippe-Léveillé	3	64	Bois de Nèfles.
Prieure Pierre	2	84	Camp Ozoux.

Privat Louis	2	42	Camp Ozoux.
Prosper Chéry	4	77	Grande Chaloupe.
Prosper Etienne-B.	1	21	
Prosper Jean-Baptiste	1	39	Rue Labourdonnais.
Prosper Jules	2	44	Rue Sainte-Marie.
Protet Adolphe	1	35	Rue Moulin à Vent.
Protet Amédée	1	62	dito
Protet Etienne-Alexandre	1	24	dito
Proudhon Ernest	4	49	Montagne.
Prudent Charly	1	21	
Prudent Octave	1	30	Rue du Barachois.
Prudhon Henri-Datès	1	26	Rue de la Compagnie
Proudhon Louis-Michel	4	23	Montagne.
Prouteaux Henri	2	27	Rue Mazagran.
Prudent Frédéric	4	29	Petite Ile.
Prudent Renaud	2	35	Rue Dauphine.
Puel Alfred	2	37	Rue Saint-Denis, 101
Pujo Louis-Joseph	2	21	R. Ste-Anne.
Puren Albert	2	33	Rue Lafontaine.
Puren Jules	1	3)	Rue du Rempart.
Putiphar Joseph	1	55	Rue d'Assas.
Puylaurent Anatole	1	29	Rue de la Compagnie
Pyrame Alfred	4	21	R. de la Boulangerie.
Pyrame Arthur	4	64	Rue du Pont.
Pyrame Augustave-Elène	4	47	R. de la Boulangerie.
Pyrame Eugène	4	21	dito
Pyrame Gustave	4	46	dito
Pyrame Jean-Baptiste	1	26	Rue de Paris.
Pyrame Victor-Arthur	4	47	R. de la Boulangerie.

Q

Quatremain Armand	4	63	Montagne.
Quentin Laurent	2	55	Rue Sainte-Anne.
Quesbourg Amédée	3	34	Chaudron.
Quesbourg François	3	54	dito
Quesbourg Jean-Marie	3	52	dito
Quetbous Adolphe	1	38	Parc d'Artillerie, 16.
Quiclet Charles	4	55	Rue la Boulangerie.
Quièvrecourt Toussaint-Fernand (de)	1	29	Rue la Compagnie.
Quièvrecourt Toussaint-P.-Gabriel (de)	1	66	dito
Quièvrecourt Toussaint-Paul Marie (de)	1	26	dito
Quignol Jean-Louis	2	82	C. Ozoux.
Quinola Fanchin	4	28	Montagne.
Quintily César	2	57	C. Ozoux.
Quinto Henry	2	22	C. Ozoux.
Quityon Jacques	3	71	Rivière des Pluies.
Quive Auguste	4	46	Petite-Ile.
Quive Camille	4	32	Montagne.
Quive Jean	4	39	dito
Quive Jean-Marie	4	49	dito
Quive Louis-Marie	4	47	dito

R

Rabaud Jean-Baptiste	1	52	
Ribaud Zéphir	2	61	Camp Ozoux.
Rabot Alfred	2	27	Rue Sainte-Anne.
Raboudy Stratane St-Ange	2	84	R. du Grand-Chemin.
Raboulo Henri	4	53	Montagne.
Raccage	3	63	Sainte-Clotilde.
Racol Philogène	1	28	Rue Four à Chaux.
Radoux Jean-Jacques	2	45	Rue Mazagran.
Radoux Paul-Bélon	2	26	R. Ruisseau des Noirs
Raibou Isaac	4	32	Petite-Ile.
Raimbaud Alfred	4	43	R. de la Boulangerie.
Ralchy	2	54	Rue Bouvet.
Ramas Charles	3	76	Bois de Nèfles.
Rambaud Louis	2	47	Brûlé.
Rambaud Michel	1	47	R. Four à Chaux.
Rambert Bertrand	4	67	Rue de la Caserne.
Rambouillé Surin-Jean	1	44	Rue Labourdonnais.
Ramier Charly	2	45	Rue Amédée Bédier.
Ramier Eugène	1	50	Rue de la Réunion.
Ramier Louis	2	21	Camp Giron.
Ramsey Hilarion-Bartès	1	21	
Rancy Hippolyte	1	21	
Rangla Alfred	4	49	Petite-Ile.
Raoul Augustin	3	40	Rivière des Pluies.
Raoul Léonce-Napoléon	2	37	Rue Poivre.
Raoul William-Evariste	1	21	
Raphaël Joseph	2	26	Rue Mazagran.
Rapert Pierre	1	21	
Rapon Célestin	1		Rue de la Réunion.
Raspal Jean-Baptiste	1	54	Batterie.
Raspal Jérôme	2	53	Route Nationale.
Raspal Louis-Joseph	2	30	Rue Voltaire.
Raspal Paul	2	31	Rue l'Arsenal.
Rastric Benjamin	1	62	Rue du Conseil.
Rat Jean-Baptiste	4	63	R. de la Boulangerie.
Rateau Michel	2	34	Camp Ozoux.
Rateau Pierre-Louis	3	60	Bois de Nèfles.
Ratigny Alfred	2	38	Rue Fénélon.
Ratineau Auguste	2		dito
Ratineau Edmond	2	60	R. Amédée Bédier
Rattiti Romain	3	85	Sainte-Clotilde.
Rattaire Auguste	2	47	Rue du Barachois.
Rattaire Félix	2	50	Brûlé.
Raud Théophyle	2	64	Rue Saint-Joseph.
Raux Ladislas	2	52	R. du Grand-Chemin.
Ravenal Adolphe	2	52	R. du Bois de Nèfles.
Ravenal Charly	1	26	Route Nationale.
Ravily Emile	2	26	Rue Sainte-Marie.
Ravily Ernest	2	32	Rue Lafontaine.
Ravoul Ferdinand	3	45	Chaudron.
Rayeur Edouard	1	50	Place de l'Eglise.
Rayeur Pre-Ed.-Alfred	1	23	dito
Raymond André	1	21	
Raymond Gustave	2	58	Bois de Nèfles.
Raymond René	2	56	Camp Giron.
Razy Firmin	1	50	Rue Saint-Joseph.
Razy Jean-Marie	2	33	R. du Grand-Chemin.
Réault Jérôme	2	23	Rue Saint-Denis.

Rebecca Furcy	4		R. de la Boulangerie.
Rebecca Joseph-Thomy	4	34	Petite-Ile.
Rebecq Louis	2	44	Rue du Conseil.
Rebourg Amédée	1	28	Rue des Limites.
Rebourg Blaise	3	48	Sainte-Clotilde.
Rebryand	1	44	R. de la Compagnie.
Rebut Victor	2	69	Camp Ozoux.
Récusson Mie-Camille (de)	1	21	
Rédibe Antoine-Valfrède	1	23	R. du Grand-Chemin.
Reférner Dieudonné	2	55	Rue Bertin.
Réfuseur Saint-Ange	3	50	Rivière des Pluies.
Régi Jean-Pierre	2	59	Rue Saint-Denis.
Regnard Benjamin	2	67	Rue Saint-Denis.
Reignier Saint-Titres	1	21	
Reinhard Florent	1	21	
Rémy Julien	3	36	Rivière des Pluies.
Rella Nicolas	1	21	
Renaud Adolphe-Adonis	2	47	Rue Magallon.
Renaud Alfred	2	38	Route Nationale.
Renaud Amurda-Adonis	2	50	dito
Renaud Etienne	1	21	
Renaud Joseph	2	42	R. de la Boucherie.
Renaud Louis-Alexandre	2	54	Rue Dauphine.
Renault Léon	1	25	R. du Grand-Chemin.
Renault Théodore	1	59	dito
Rendu Chrysostôme	3	39	Rivière des Pluies.
Rendu Noël	3	52	Rivière des Pluies.
René Edouard	1	35	Route Nationale, 419
René Ernest	3	38	Sainte-Clotilde.
René Eugène	2	41	Saint-Bernard.
René Fénelon	3	45	Patates à Durand.
René Ferdinand	1	28	Route Nationale, 419
René Furcy	3		Rivière des Pluies.
René Jean-Baptiste	1	35	Route Nationale, 411.
René Louis	4	35	Petite Ile.
René Lubin Armand	1	35	Route Nationale.
René Pierre	3		Rivière des Pluies.
Renette Aristole	3	47	B. de Nèfles.
Renette Arnold	3	59	dito
Renette Uriol	3	50	dito
Renier Amédée	4	37	R. de la Boulangerie.
Renouard Albert Edmond	2	55	R. Sainte-Marie, 31.
Renoy Joseph Lacouture	2	47	Rue la Boucherie.
Réolien Paul Alézoire	1	32	Rue de l'Eglise.
Réséda Charles	3	53	Rivière des Pluies.
Réséda Ernest	3	46	Ste-Clotilde.
Réséda Victor	2	54	Rue Sainte-Anne, 26.
Résil François	2	45	R. Amédée Bédier.
Resseville Robert	3	44	Rivière des Pluies.
Retty Joseph	1	42	R. Compagnie, 93.
Revest André François	2	45	Rue de l'Arsenal.
Revest Ludovic	1	32	Camp Géner.
Révonge Abel	1	50	Rue de Paris.
Révonge Auguste	1	22	
Reydellet Alexandre	1	56	Rue l'Intendance, 7.
Reydellet Marie A. René	1	21	
Reydellet Marie Ernest	1	26	Rue l'Intendance, 7.
Reydellet Pierre Ernest	2	56	Rue de Paris.
Rezaud Adolphe	1	67	Rue Saint-Joseph.
Rezaud Dauphin	1	33	dito
Rhin Jean Denis Désiré	2	67	Camp Ozoux.
R al Thomy	3	70	Chaudron.
Ribaud Charles	3	37	Rivière des Pluies.
Ribaud Jules	2	58	Rue Sainte-Marie.
Ribeyra Jacques	1	57	Rue la Boucherie.
Ribotte Charles	3	37	Rivière des Pluies.
Ribotte Jean François	3	39	dito
Ricala Paul	2	67	Camp Ozoux.
Ricard Aristole	2	43	R. Sainte-Anne, 12.
Ricard Edouard	1	21	
Ricard Eugène	1	58	Rue du Conseil.
Ricard Jean Louis	2	57	Saint-François.
Ricard Jules	4	24	Rue la Boulangerie.

Ricard Léon	4	23	Brûlé.
Richard	2	45	Jardin de l'Etat.
Richard Adolphe Charles	2	40	Rivière des Pluies.
Richard Amédée	3	21	R. du Conseil, 57.
Richard Antoine	1	57	Rue l'Intendance.
Richard Charles	1	62	
Richard Charles Octave G.	1	21	Ruisseau des Noirs.
Richard Jean-Baptiste	2	38	R. l'Embarcadère, 18.
Richard Jean Pierre Alex.	1	60	Rivière des Pluies.
Richard Jules	3	50	dito
Richard Julien Jules	3	29	Camp Jaquot.
Richard Pierre	2	45	R. l'Embarcadère, 18.
Richard P.-Ant. Raoul A.	1	23	Rivière des Pluies.
Richemont Pierre	3	38	Rivière.
Richer Jules	4		Rue Fénélon.
Richer Oscar Joseph	2	28	Ruisseau des Noirs.
Ricil Cyrille	2	41	Saint-Jacques.
Ricquebourg Jean-Baptiste	2	37	
Ricquebourg Joseph Al-			Rue de la Réunion.
phonse	1		R. la Boulangerie, 29
Ricquebourg Louis Michel	4	32	Rue Saint-Joseph
Ricquebourg Louis	2	53	Rue de l'Eglise, 65.
Ricquebourg Thomy	1	39	Rue Monthion.
Rieul Albert	2	28	R. Sainte-Anne, 50.
Rieul Ambroise Alfred	2	43	R. Mazagran, 3.
Rieul Emile	2	48	R. Monthion.
Rieul Léopold Edgard	2	26	C. Ozoux.
Rieuzi Presto	2	73	Colline.
Rifaut Janvier	4	38	R. du Conseil.
Riffard Augustin	1	49	Rue des Limites.
Riffard Victor	1	69	R. de la Source, 23.
Riffimer Auguste Gabriel	2	24	R. Sainte-Marie.
Riffleu Charles	2	25	R. du Butor.
Riffleu Emile	2	28	
Riflard Alexandre	1	21	R. Fénélon.
Riga Louis Marie	2	56	Camp Ozoux.
Rigobert Azénor	2	49	
Rigobert Joseph Azénor	1	21	Bois de Nèfles.
Rigobert Louis	3	29	Route Nationale.
Rigobert Victor	1	33	Rue du Conseil.
Rima Adolphe	1	50	R. Ste-Anne.
Rima Eugène	2	43	R. des Sables.
Rima Jean-Baptiste	1	23	
Rima Julien	1	21	Camp Géner, 44.
Rima Sydney	1	49	Camp Ozoux.
Rincelot Joson	2	47	Rue de Paris.
Ringwald Auguste	2	47	Rue Reydellet.
Rinvic Victer	2	29	Rue Saint-Denis.
Riou Allain Yves	2	39	Boulevard Lancastel.
Riou Charles	1	28	Montagne.
Rioul Saturnin	4	54	dito
Rioul Simon	4	39	Rue Saint-Joseph.
Ripas Hippolyte	1	58	R. de la Boucherie.
Riquet fils	4		Camp Ozoux.
Rob Ozoux	2	61	Brûlé.
Riquet Paul	2	58	Camp Ozoux.
Riquiqui Romain	2	62	
Rita Jean-Marie	1	21	R. Joseph-Hubert.
Riverain Florian	2	49	Chaudron.
Riverin Hilarion	3	30	Sainte-Clotilde.
Rivert Jean-Marie	3		Rue de la Boucherie.
Rivière Félix	1	49	R. Four à Chaux, 4.
Rivière Fortuné	1	37	Rue Dauphine.
Rivière Henri	2		
Rivière Marie-J.-B.-Michel	1	21	Rue de la Réunion.
Rob Ozou-Pierre	1	60	Camp Ozoux.
Robert Abeilard	2	24	Rue Dauphine.
Robert Adam	2	24	dito
Robert Adolphe	2	49	Rivière des Pluies.
Robert Adressin	3	83	Rue Dauphine.
Robert Alcide	2	45	Chaudron.
Robert Alfred	3	33	Rue Labourdonnais.
Robert Alfred	1	38	Rue Dauphine, 61.

Robert Charles	2	27	Rivière.
Robert Charles-Mars	4	22	Rivière des Pluies.
Robert Cyrille	3	61	R. Sainte-Anne, 87.
Robert Ernest	2	45	Chaudron.
Robert Fantaisie	3	65	Rivière des Pluies.
Robert Ferdinand	3	29	
Robert Florian	1	21	dito
Robert Henri	3	65	dito
Robert Henry-Jules	3	36	Route Nationale.
Robert Henri-Lory	2	39	Rivière des Pluies.
Robert Jean	3	29	R. de la Réunion, 11
Robert Jean-Baptiste fils	1	50	R. R. des Noirs.
Robert Joseph	2	55	dito
Robert Joseph	2	32	Rivière des Pluies.
Robert Jules	3	53	dito
Robert Jules Marie	3	25	C. Jaquot.
Robert Léopold	2	57	R. Dauphine.
Robert Louis	2	24	
Robert Louis Ernest dit Labor	2	43	dito
Robert Louis Marcelin.	1	21	R. du Cimetière.
Robert Louis Philippe	1	31	Route Nationale.
Robert Saint-Ange	1	58	R. de l'Est.
Robert Thomas	1	35	R. de la Source, 31.
Robigo Odule	2	48	R. Saint-Joseph, 55.
Robin Ernest	1	24	dito
Robin Guy Laurent Victor	1	56	
Robineau Baptiste Pierre	1	21	Rivière des Pluies.
Robineau Fanchin	3	61	R. Dauphine.
Robineau Jules	2	39	Rivière des Pluies.
Robineau Léopold	3	28	Patates à Durand.
Robinson Jean	3	71	Route Nationale.
Robinson Julien	1	31	
Roca Aurélien	1	21	R. des Limites, 103.
Roch Eugène	1	63	
Roch Julien	1	21	d° 10.
Roche Eugène Edouard	1	24	Route Nationale.
Roche Jean François	2	45	R. du Rempart.
Roché Christian	2	21	
Rochefeuille Nicolas-Hya-			R. de l'Est.
cinthe	1		R. de la Réunion.
Rochequel Oudar-Joseph	1	33	R. Lafontaine, 69.
Rochetaing Auguste	2	28	R. du Grand-Chemin.
Rochetaing François	1	37	R. de la Boucherie.
Rochetaing Joseph	1	61	R. de l'Intendance.
Rock Julien	1	48	R. Fénelon.
Roda Dieudonné	2	50	R. de la Barachois.
Rodemelle Anatole	1	42	Petite Ile
Rodeni Charly	4	51	dito
Rodeni Joseph	4	26	Route Nationale
Rodeur Gaspard	1	30	R. de l'Arsenal.
Rodeur Jean Marie	2	21	R. Sainte-Marie.
Rodeur Jean Marie	2	57	C. Ozoux.
Rodeur Louis Fantaisie	2	23	Route Nationale.
Rodeur Oscar	1	69	
Rodouin Alexandre dit			Rue Dauphine.
Pompée	2	29	dito
Rodouin Florian	2	25	Petite-Ile.
Rodouin Théophile	4	28	R. de l'Est.
Rogeon Charles	1	47	R. Monthion.
Roger Alexandre	2	27	dito
Roger J.-Baptiste Gédéon	2	34	Rivière des Pluies.
Rolland Alphonse	3	28	R. Lafontaine.
Rolland Paul Dumesgnil	2	23	R. du Conseil.
Rollet Maurice	2	33	R. Jacob, 1.
Rollin Félix	2	45	R. de la Réunion.
Romain Charly	1	47	C. Ozoux.
Romain Edouard	2	52	
Romain Ernest	1	38	Rivière.
Romain Félix	4	29	Boulevard Lancastel.
Romain François	1	53	
Romain Furcy	3		Sainte-Clotilde.
Romain Jean-François	1	21	

Romain Joseph	3	24	Chaudron.
Romain Joseph	3	47	dito
Romain Joseph	2	35	R. Montreuil.
Romain Julien-Joseph	1	21	
Romanon Augustin	1	65	Rue d'Assas.
Romanon François	4	36	Petite-Ile.
Romel Denis	1	30	Rue de l'Est.
Romel Tourry	2	43	Rue de la Boucherie.
Romelin Charles	1	48	Rue Réunion.
Roméo Aristide	2	44	Camp Ozoux.
Roméo Léopold	1	42	R. du Rempart.
Roméo Mars	3	78	Rivière des Pluies.
Roméo Pierre	2	35	Rue Lafontaine.
Romignac Pierre	4	71	Montagne.
Roncey Jules	4	38	R. de la Boulangerie.
Rondo Joseph	1	21	
Ronsard Auguste	2	65	C. Ozoux.
Ronsard Augustin	2		Rue de l'Arsenal.
Ropert Jules	2	54	B. Doret.
Rosaire Jacobin	2	65	Camp Ozoux.
Rosaire Pierre	2		Rue Sainte-Marie.
Rosalba Edouard	2	32	R. Bois de Nèfles.
Rosalinde Jérôme	4	39	R. de la Boulangerie.
Rosalin Joseph	2	25	Rue Lafontaine.
Rosaly Joseph-Antoine	2	36	Lataniers.
Rose Augustin	2	28	Camp Ozoux.
Roseau Alfred	2	40	Rue Bouvet.
Roseau Pan	2	62	dito
Roselin Amédée	2	29	Camp Ozoux.
Rosina Camille	3	44	Rivière des Pluies.
Rosina Louis	4	36	R. de la Boulangerie.
Rosine Abel Pierre	2		Pont Neuf
Rosine Jules	1	21	
Rosine Dosité	4	78	R. de la Boulangerie.
Rosset Alfred	1	43	R. Saint-Joseph.
Rossignol Charles	1	47	R. d'Assas.
Rostan Evenord	3	26	Chaudron.
Roton Pierre Louis	4	73	Montagne.
Rottive Victor	2	68	R. Saint-Bernard.
Roubon Henri	2	29	R. Amédée Bédier.
Roudière Léon	2	43	Saint-François.
Rouelle Joseph	3	53	Patates à Durand.
Rougeot	2	69	R. Bouvet.
Rougier Adrien	1	41	Rue la Réunion.
Roulmann Augustin	2	43	Providence.
Rouquier Alfred	1	45	Rue du Rempart.
Roussat Emile	2	45	R. de la Source.
Rousse Eugène	2	51	Ruisseau des Noirs.
Rousse St-Yves Eugène-Alphonse	1	21	
Rousseau Pierre François Adjutor	1	21	
Rousseau Victor	4	22	Quai Ouest.
Roussel Octave	1	21	
Roussin Louis Antoine	1	60	Rue de l'Eglise, 96.
Roustan Maurice	3	45	Chaudron.
Routier Alaric	2	63	Rue Monthion, 18.
Routier Gervais Augustin Joseph Achille	1	21	
Routier Joseph Gaston	1	21	
Roux Marie Frédéric	2	52	R. l'Arsenal, 60.
Rouzaud Médéric	1	32	R. de l'Eglise, 56.
Roy Joseph	4	24	Petite-Ile.
Royé François	2	51	R. l'Arsenal.
Royé Emile	2	43	R. Suffren.
Roza Faustin	1	48	R. Grand-Chemin.
Rozalie Félix	3	39	Rivière des Pluies.
Rozière Clermont	2		R. de Caen, 19.
Rozières Jean-Marie	2	63	Saint-François.
Ruban Joseph	4	65	Montagne.
Rubègue Alidor	2	59	R. Ste-Anne, 83.
Rubègue Charles	1	21	
Rubègue Charles Garello	3	37	Chaudron.

Rubègue Charles Pyrame	2	48	R. Malartic.
Rubègue Julien Honoré	1	21	
Rubègue Louis Ernest	2	21	Rue Ste-Anne.
Rubègue Paul	2	21	dito
Rubègue Pierre fils	2	36	Rue Ste Marie.
Rubègue Pyrame	2	46	C. Ozoux.
Rubègue Thomy	2	42	Rue Sainte-Marie.
Ruben Henry	1	21	
Rubis Ernest	2	30	C. Ozoux.
Rumel Nérestan Augustin	2	43	Brûlé.
Rumel Nérestan St-Jean	2	38	Rue Voltaire.
Rupert Célestin	3	57	Rivière des Pluies.
Rupert Albert	2	36	R. du Grand-Chemin.
Rupert Joseph	4	30	Montagne.
Russel de Bedfort	2	50	Saint-Jacques.
Russelin Azénor	1	38	R. du Barachois.

S

Sabat Henri	1	39	Rue Labourdonnais.
Sabine Binan	2	62	Rue Lafontaine.
Sabiron Georges	4	50	Montagne.
Sablette Alexandre	4	46	dito
Sagot Louis	4	30	Quai Ouest.
Saintonge Pierre	3	33	Chaudron.
Saint-Ange François	2	46	Camp Ozoux.
Saint-Ange Jules	4	22	Quai Ouest.
Saint-Ange Léon	2	25	Rue Parny.
Saint-Ange St-Ange Henri	1	21	
Saint-Blancard Frédéric	2	23	Ruisseau des Noirs.
Saint-Fidèle Edouard	2	44	R. Sainte-Anne.
Saint-Géran Dosithée	2	52	Rue de la Boucherie.
Saint-Gilles Edouard	1	46	R. de la Réunion.
Saint-Jacques Ernest	1	21	
Saint-Jacques Charles	4	48	Montagne.
Saint-Jacques Louis Charly	1	21	
Saint-Just Mada	2	47	Camp Ozoux.
Saint-Leu Louis	2	52	dito
Saint-Leu Louis Luders	1	21	
Saint-Luce Adolphe	1	27	Rue Labourdonnais.
Saint-Lys Joseph	2	26	Rue de Caen.
Saint-Lys Pierre Henri	2	28	dito
Saint-Méry Pierre Eugène	1	34	Rue de l'Est.
Saint-Perne Jean Eugène Benjamin Gourel (de)	1	23	Rue de l'Eglise.
Saint-Pey Abel	2	67	Rue Lafontaine.
Saint-Prix Cyrille	3	70	Patates à Durand.
Saint-Prix François Emile	2	23	R. St-Joseph, 112.
Saint-Prix Jules Antoine	1	44	R. des Limites, 50.
Saint-Romain Bussy de J.-Auguste	2	80	Rue Fénelon, 4.
Saint-Ville Figaro	3	66	Chaudron.
Sainte-Clair François	1	21	
Sainte-Colombe Alaric	2	38	R. Ste-Anne, 11.
Sainte-Colombe St-Hilaire	2	48	R. du Rempart, 38.
Sainte-Colombe Hippolyte	2	48	Camp Ozoux.
Sainte-Colombe Léon	4	63	R. de la Boulangerie.
Sainte-Croix Denage	2	32	R. de la Boucherie.
Sainte-Croix Henri Alfred	2	34	Rue du Rempart.
Salaün de K/marcal J. L. T. Saturnin	2	24	R. Bois de Nèfles.
Salaün de K/marcal Pierre Ferdinand	2	33	R. St-Bernard.
Salez Adolphe Eugène	2	38	Rue du G.-Chemin.
Salez Asty fils	1	45	R. l'Embarcadère.
Salez Baudot	1	27	Rue du Conseil.
Salez Ernest	1	25	R. de l'Eglise, 17.
Salez Gabriel Simon	1	21	
Salez Jean-Marie Félix	2	62	Rue St-Joseph.
Salez Jules Saint-Marcel	1	21	
Salez Numa	2	31	R. la Boucherie.
Salismène Saint-Ange	2	46	Camp Ozoux.
Salmine Gérémie	1	35	R. l'Embarcadère.
Salmon Alexandre	4	41	Quai Ouest.
Salomon Eugène	1	44	R. de l'Eglise, 35.
Salomon Paulin	2	36	dito
Salva Arthur	2	54	Rue Bouvet.
Salviny Pierre Elie	2	28	R. St Jacques.
Salvy Charles	1	65	Rue Bouvet.
Sam Thomas	2	57	Rue du Barachois.
Samat Paul Joseph Alphonse	1	21	Camp Ozoux.
Samblé Nicolas	3	71	
Sampsol Jean Baptiste	3	54	Patates à Durand.
Samson Léon	1	22	R. Embarcadère.
Sand Georges	3		Chaudron.
Sandou	2	44	R. la Boucherie, 137
Sapajou Louis	2	62	Camp Ozoux.
Sapote Charlot	4	55	Montagne.
Sardaigne Joseph	1	21	
Sarrin Charles	3	67	Rivière des Pluies.
Sartre Auguste	2	23	Rue Voltaire.
Sartre Eugène	2	48	dito
Sartre Eugène fils	1	21	dito
Sassy Léon	1	44	R. du Barachois, 55.
Saturne	2	78	Lataniers.
Saunier Charles	2	50	Rue Ste Anne, 53.
Saunier Léonce	2	41	Brûlé.
Saurel Pascal	4	24	R. de la Boulangerie.
Sauroy Ernest	2	29	Rue de la Source.
Sauroy Florentin	1	21	
Sauroy Jean François	3	45	Chaudron.
Sanstenne Didier	2	28	R. Amédée Bédier.
Sauvindé Etienne	1	21	
Savary Alexis	2	49	Rue Bouvet.
Savignon Antoine	1	53	R. la Compagnie, 78.
Savignon Charles	1	39	R. Labourdonnais.
Savignon Jean-Norbert-Auteuil	1	23	R. la Compagnie, 78.
Savignon Marie Ge Ernest	1	21	
Savinade Augustin	1	21	
Saysset Alexandre	2	35	R. Dauphine.
Scheuermann	4	37	Ilette à Guillaume.
Schimpff	1	40	R. de la Compagnie.
Scipion Archange	2	78	Rue Dauphine.
Scipion Pierre Alfred	1	21	
Scoé Albert	2	47	R. de l'Arsenal, 144.
Seigneurie Louis	2	28	R. Lafontaine.
Sélage Lucien-Célisse	2	58	dito
Sélec Adolphe-Jean-Arm.	2	25	R. du Rempart.
Sélec Jean-Baptiste père	2	84	Rue Sainte-Marie, 28.
Sélec Jean-Baptiste fils	1	62	Rue de l'Eglise, 49.
Selhausen Ferdinand	3	54	Patatates à Durand.
Selhausen Marie-Jean-Baptiste-Léonce	1	21	
Sélico Antoine	2	34	R. du Bois de Nèfles
Sélico Fidèle	2	59	Camp-Ozoux.
Sélim Louis	2	64	dito
Selry Augustin	1	31	Rue de l'Est, 37
Selsis Thomy	2	39	Rue de l'Arsenal.
Sémia Louis	2	49	Rue Dauphine.
Sémiard Casimir	1	22	Rue des Limites.
Sémiramis Jean-Baptiste	2	29	C. Ozoux.

Sénac Jules	2	43	Camp-Ozoux.
Sénateur Camus	1	39	R. de l'Eglise, 88
Senégal Charles	2	47	Providence.
Sénégal Jean-Jacques	4	44	R. de la Boulangerie.
Sénon Prudent	1	61	R. de la Boucherie.
Sensé Adolphe	1	29	R. de la Réunion.
Sensé Alfred	1	50	R. du Rempart.
Sensé Alfred	1	21	
Sensé Alphonse	2	38	C. Ozoux.
Sensé Félix	2	23	dito
Sensé Léonce	1	21	
Séran Marcelin	1	50	R. de la Boucherie.
Séraphin Chrysostome	3	54	Chaudron.
Séraphin Pierre	4	29	Montagne.
Séraphine Adolphe	3	30	Patates à Durand.
Sercelle Paul-Emile	1	21	
Serge Philippe	3	50	Chaudron.
Seringotte Charles	3	66	d°
Sers Abel	2	57	Providence.
Sers Camille	1	42	Rue de Paris.
Sers Louis-Paul	2	38	Rue Sainte-Anne.
Sers P.-François Joseph	2	25	Providence.
Sersot Marius	2	48	Rue Voltaire.
Serurrier Victor	1	25	Boulevard Lancastel.
Servatius René C.-Gaston	2	34	Rue de Paris.
Serville Pierre	3	35	Rivière des Pluies.
Sévère Jean	2	27	dito
Severin Adrien	2	53	Rue Saint-Joseph.
Sévigné Edmond	1	57	Rue de la Réunion.
Séville Augustin	1	21	
Séville Figaro	3	61	Chaudron.
Sévola Léonce	1	21	
Seymour Eugène	2	23	Rue Bertin.
Seymour Ernest	2	45	Camp Ozoux.
Seymour Jules	2	27	Rue Bertin.
Seymour Julien-Arthur	2	21	Lycée.
Sial Jean-Baptiste	1	49	Boulevard Lancastel.
Sibadey Antoine	1	81	Rue du Barachois.
Sicre de Foutbrune Alph.	1		Rue de Paris.
Sidas Paul	3	49	Bois de Nèfles.
Sidney Florence	2	50	Rue Dauphine.
Sidney Florville	2	33	Rue Monthion.
Sifaire Louis	2	35	Camp Ozoux.
Sigogue	2	90	Route Nationale.
Sigoyer de Bernardy	2	24	Lycée.
Silo Paul	2	56	Providence.
Simille Garçon	2	48	Camp Ozoux.
Simon Alcide	1	21	
Simon Emmanuel Frédéric	2	46	R. du Grand-Chemin.
Simon Eug.-Fçois-Louis	2	38	Rue Saint-Bernard.
Simon Evenor	1	38	Rue de la Boucherie.
Simon Félix François	1	72	Route Nationale.
Simon Jean-François	2	55	Rue Dauphine.
Simon Jean-Baptiste	2	34	Camp Giron.
Simon Joseph	3	24	Rue Dauphine.
Simon Joseph-Louis-Marie	2	35	Lataniers.
Simon Louis-Marie	2	56	dito
Simon Louis	2	69	Camp Ozoux.
Simon Paul	3	66	Chaudron.
Simon Pierre	3	44	dito
Simon Prudent	2	54	Rue Magallon.
Simon Souffleur	1	39	Rue l'Intendance.
Simon Titi-François	1	51	Rue des Sables.
Simon Xavier-Ernest	1	21	Boulevard Lancastel.
Simonin Pierre-Hyacinthe	2	68	Rue Sainte-Marie.
Sinam Victor	1	21	
Sineau Emile	2	51	Rue Lafontaine.
Sinneville Joseph	1	38	Rue de l'Est.
Sion Guillaume-Léonce	2	21	Rond point du Jardin.
Siriac Prosper-Cherimont	2	36	Rue Amédée Bédier.
Sirrout Henri	2	33	Rue des Limites.
Sivouane Fortuné	3	52	Chaudron.
Socrate Antoine	1	46	Boulevard Lancastel.

Soldat Eugène	2	28	Camp Ozoux.
Solesse Alcide	1	32	Rue du Barachois.
Solesse Charles	2	36	Camp Ozoux.
Solesse Pierre	4	45	Petite-Ile.
Soliman Eugène	3	62	Rivière des Pluies.
Solliers Charles (de)	1	50	Rue du Conseil.
Soraile Ernest	1	36	R. D'Assas.
Soraile Joseph	1	37	dito
Sorel Léopold	1	29	Ruelle Amelin.
Sorin Jean-Baptiste	2	78	C. Ozoux.
Sosthènes Emart	2	64	Rue Fénélon.
Soubin Royer	2	62	R. Dauphine.
Soubre François	1	33	Rue Labourdonnais.
Soubre Jacques	1	22	R. de l'Eglise.
Soubre Baptiste Réal	1	21	
Soubrié Baptiste Charles Adrien	1	21	
Soulange Philippe	2	70	Camp Jaquot.
Soulé Dominique	2	52	R. de Paris.
Souliers Charles	2	27	R. Saint-Denis, 57.
Souliers Julien	1	24	Rue du Conseil.
Soumagne Pierre	1	51	R. de l'Eglise, 84.
Soun Louis Marie	3	27	Chaudron.
Souris Alfred Ernest	1	21	
Souvielle Simon	1	52	R. de l'Eglise, 16.
Souvielle Pierre	3	29	Rivière des Pluies.
Spéran Espérance	4	68	Montagne.
Spinel Joseph	1	56	R. du G.-Chemin.
Stanislas Jean-Baptiste	3	42	Bois de Nèfles.
Stanislas Paul	3	53	dito
Stanislas Pierre Firmin	1	21	dito
Stégrin Pierre	2	44	R. du Barachois, 145.
Sténot Hyacinthe	3	37	Patates à Durand.
Stévant Pierre Marie	2	39	R. Dauphine, 71.
Stool Nicolas	2	36	R. Lafontaine.
Stoffell Barthélemy	2	41	Providence.
Stranjan Adolphe	2		C. Ozoux.
Sublet Jean François	2	42	R. Saint-Denis.
Sulliac Elie Scipion	2	41	Brûlé.
Superbe Adonis	2	60	Providence.
Supère Evariste	2	61	Camp Ozoux.
Supplice Arthur Alexandre	1	21	
Surette Edmond	3	54	Saint-François.
Surgont Augustin	3	62	Chaudron.
Surveille Antoine	3	71	d°
Surville Gustave Alexis	3	54	Rivière des Pluies.
Surville Joseph	1	22	Rue des Limites.
Surville Pierre	3	30	Rivière des Pluies.
Sybille Alfred	2	30	R. Monthion.
Sybille Auguste	2	33	Lataniers.
Sybille Jean Baptiste	2	42	R. Bouvet, 63.
Sylaos Alidor	1	34	R. des Limites.
Sylla Pierre	2	54	C. Ozoux.
Sylvain Emile	2	29	d°
Sylvain Félix	1		Route Nationale.
Sylvain Ledède	2	54	R. du R. des Noirs.
Sylvert Gustave	2	34	Camp Ozoux.
Sylvestre Léonard	2	73	Rue Ste-Marie, 140.
Sylvestre Léonard fils	2	51	d°
Symphorien Aristide	1	30	Route Nationale.
Symphorien Vilfride	1	57	d°
Syndic Raymond	4	56	Montagne.
Syracuse Armand	2	36	C. Ozoux.
Syracuse Alphonse	2	30	Rue Sainte-Marie.
Syracuse Charles Bélon	2	23	d°
Syracuse Joseph Albert	2	21	R. Sainte-Marie.
Syta Henri	1	24	R. Réunion, 110.
Syta Joseph	1	23	d°

T

Tachette Baptiste	1	53	R. Intendance, 13.
Tagar Joseph, dit Ddgard	2	34	Camp Ozoux
Tagard Toussaint	2	22	d°
Tagar Zéphir	1	21	
Taillandier Paul-Albert	1	35	R. Saint-Joseph, 2.
Tailleîer Pierre-Martin	1	44	d°
Tajan Bertrand	2	69	Saint-François.
Talma Antoine	1	32	
Talérien Henry-Jn.-Marie	1	21	
Talvy Emeri	2	31	R. de Caen.
Taman Louis-Victor	1	21	
Tamby Louis	1	38	Route Nationale.
Tamon Monnière-Pierre	2	58	Camp Ozoux.
Tampson Espérance	4	59	Petite-Ile.
Tampson Léveillé	4	65	Montagne.
Tandard Joufflu	3	47	Chaudron.
Tandrya Aristole-Eugène	2	47	Lataniers.
Tandrya Camille	1	53	R. de la Compagnie.
Tandrya Duversil	2	41	Camp Jaquot.
Tandrya Eugène	2	24	Lataniers.
Tandrya J.-B.-Armand	1	43	R. des Limites.
Tandrya-Louis-Auguste	3	66	Chaudron.
Tanvive Alfred	2	40	R. Bouvet.
Taperne Louis	3	55	Ste-Clotilde.
Tara Amable	3	61	Chaudron.
Tarasse Jean	2	40	Ruisseau des Noirs.
Tarby Charles-Camillien	2	34	Route Nationale, 384.
Tarby Charles, dit Dartois	3	56	Patates à Durand
Tarby Charles-Amédée	3	35	Chaudron.
Tarby Charles-Julien	2	29	Route Nationale.
Tarpy Déronce	3	41	Rivière des Pluies.
Tarby Dupervanche-Louis	3	48	Chaudron.
Tarby Jules-Alexandre	2	44	Route Nationale, 384
Tarby Joseph-Amédée	3	65	Chaudron.
Tarby Jules	1	28	Route Nationale.
Tarby Jules-Beauvercy	2		Camp Ozoux.
Tarby Louis	2	67	Brûlé.
Tarby Louis-Albert	1	21	
Tarby Louis-Désiré	4	27	Petite-Ile.
Tarby Louis-Soulange	3	80	Chaudron.
Tarby Médéric	2	25	R. Dauphine.
Tardivel Aristide	4	28	Ruelle Amelin, 8.
Tardy Camille	1	45	R. du Conseil.
Taret Simon	2	46	Saint François.
Tarnec Georges	2	37	R. Ste-Marie, 7.
Tarnec Georges-Adrien	1	21	
Tarnec Gustave	2	59	R. Dauphine.
Tarucc Mala-Albert-Joseph	1	23	R. de Paris.
Taropse André, dit Tarouc	3	80	Chaudron.
Tarquin Pierre	4	75	Montagne.
Tartuya Augustin	2	74	Providence.
Tava Léon-Pierre	3	63	Rivière des Pluies.
Tavo Ferdinand	2	36	R. Dauphine.
Tebra Arthur	2	63	Camp Ozoux.
Tébrun Pierre-Louis-Dièze	1	62	R. Rempart.
Téchenier François-La-pouille	2	48	R. de l'Arsenal.
Técher Alfred	4	38	Rue Amelin, 7.
Técher Alexandre	4	41	R. la Boulangerie.
Técher Pierre Alexandre	4	35	dito
Técher Aristide	2	40	Rue Dauphine.
Técher Charles	2	29	Camp Ozoux.
Técher Edouard Charles	2	28	R. Ste-Marie.
Técher Ferdinand Emile	1	21	
Técher Jean	2	34	dito
Técher Jean Jacques	2	54	dito
Técher Jean-Baptiste	2	42	Camp Giron.
Técher Joseph	2	34	Rue Lafontaine.
Técher Joseph	1	31	
Técher Jules	4	23	R. de la Boulangerie
Técher Louis Alexandre	4	40	Rue du Tunnel.
Técher Louis Chérimont	2	48	Camp Ozoux.
Técher Philogène	4	66	Petite-Ile.
Técher Pierre Romélie	1	52	R. Grand-Chemin.
Técher Thomy	4	28	R. de la Boulangerie.
Télasion Félix	1	45	R. de la Réunion.
Telliam Prosper	2	55	R. Ruisseau des Noirs.
Telmare Alexandre	1	29	Rue de l'Eglise, 71.
Telmare Antoine	4	24	R. de la Boulangerie.
Telmart Etienne	2	26	R. Sainte-Anne.
Telra Sylvain	2	32	Lataniers.
Telsis Célestin	2	55	Camp Ozoux.
Témerle Fanchin	2	38	d°
Témot Ernest	2	49	Rue de l'Arsenal, 115.
Témot Gustave	1	44	Route Nationale.
Témot Louis	1	30	R. Gd-Chemin, 51.
Témy Etienne	1	48	Boulevard Lancastel.
Ténédos Edmond	3	62	Rivière des Pluies.
Tercène Pierre Henri fils	4	54	Rue du Pont.
Termini Charles	1	21	
Terrier Ernest	2	40	Rue Colbert.
Tescher Pierre Hippolyte-Athénodore	4	21	R. la Boulangerie.
Tessy Arthur	1	21	
Tessy Jules	2	50	Camp Ozoux.
Thabor Marcely	2	33	Camp Ozoux.
Thalès Erèbe	3	59	Chaudron.
Tharou Soulange	3	56	R. Bois de Nèfles.
Thélé Emile	3	34	Carrière.
Thélian Pierre-Noël	1	62	Rue de l'Est.
Thémidor Emond	1	69	Rue des Limites.
Théodore Célestin	4	42	Petite-Ile.
Théodore Betsy Jules	2	25	Rue Dauphine.
Théodore Betsy Paul	2	56	d°
Théodore Betsy Léopold	1	35	Rue de l'Est, 62.
Théophilas Victor	4	60	R. de la Boulangerie.
Théose Edouard	2	27	R. Sainte-Marie.
Théose Louis	4	30	Quai Ouest.
Théotiste Louis	1	29	Boul. Lancastel, 2.
Thérinca Jonnet	3	51	Rivière des Pluies.
Théry Louis	2	36	R. de la Compagnie.
Théry Victor Léopold	2	34	Rue du Conseil.
Thésée Hippolyte	3	76	Rivière des Pluies.
Thésia François	4	25	R. de la Boulangerie.
Thibault Victor	4	74	dito
Thiébault Louis-G.-Aug.	2	82	R. Malartic.
Thiébault Henri Paul	2	25	R. Voltaire.
Thiébault Pierre Paul	2	25	dito
Thiodon de Beaupré Emile	2	42	R. de la Source.
Thior Nicolas	2	70	Camp Ozoux.
Thiot Théodre	2	47	Rue Dauphine.
Thirel Jules Edmond	2	44	R. Sanit-Jacques.
Thirsé Jules	2	35	R. Lafontaine.
Thomas Constant	1	37	R. Rempart.
Thomas François	2	87	R. Gd-Chemin, 98.
Thomas Georges	4	74	Montagne.
Thomas Joseph	1	56	Route Nationale.
Thomas Marcel	2	48	Camp Ozoux.
Thomas Virgile Joseph	1	21	
Thomasseau Elie	1	44	R. de la Réunion, 70.
Thomé Alexandre	1	58	R. Grand-Chemin.
Thomé Sulliac	1	53	dito
Thomelin Jean-Baptiste	4	46	Quai Ouest.
Thomy Hilarion	4	30	R. des Moulins.
Thomy Louis	1	21	
Thonon Louis Auguste	2	72	R. Dauphine, 140.
Thyon Joseph Thomy	1	21	
Tiacrès Edouard	2	63	C. Ozoux.

Tiala Fauchin	1	21	R. Dauphine.	Tortillard Fidèle	2	56	Saint- rançois.
Tiala Joseph	2	23	dito	Tortillard Gustave Berty	1	21	
Tiala Marie Lamour	2	21	dito	Toulom Jules	3	66	Rivière des Pluies.
Tiba Arthur	2	67	Camp Ozoux	Tournay Louis Aristide	1	21	
Tibère Ernest	2	27	Rue Arsenal, 74.	Tournay Auguste	2	46	R. des Jésuites.
Tibur Amédée	1	60	Boulevard Lancastel.	Tournay Isaure	2	72	Rue Monthion.
Tic Elie	2	68	Jardin de l'Etat.	Tournay Isaure	3	43	Bois de Nèfles.
Ticlément François	1	21		Tournay Pierre	4	65	R. de la Boulangerie.
Ticco Bonnate Thomas	2	36	C. Ozoux.	Tournay Pierre-Paul	2	43	R. du Grand-Chemin
Tico Zéphir	2	53	dito	Tourneux Henry	2		R. du R. des Noirs.
Tiers André	1	21		Toury Jean-Baptiste	1	54	Rue de l'Est.
Tigna Achille	3	32	Patates à Durand.	Tourris Nas de Adrien	2	24	Rue de l'Arsenal.
Tigny Augustin	2	48	R. St Bernard.	Tourris Nas Karadec (de)	2	24	dito
Timer Anatole	1	38	R. de la Compagnie.	Tourris Nas de Joseph	2	62	R. du Conseil, 90.
Timon Augustin	2	65	Camp Giron.	Tourris Nas de Victor	2	48	R. de l'Arsenal, 42.
Timor Ernest	2	31	Camp Ozoux.	Toussaint Louis-Furcy	3	36	Rivière des Pluies.
Timormor Louis	2	65	R. Lafontaine.	Treilly Hilaire	3	60	Sainte-Clotilde.
Timor Pierre Elie	2	58	dito	Tréport Paul	1	40	Rue de Paris.
Tincrès Léon Dauphine	2	36	R. Dauphine.	Trétat Joseph	3	73	R. Bois de Nèfles.
Tinka Henri	2	41	R. Poivre.	Triangle Fortuné	4	63	Rue la Boulangerie.
Timon Achille	3	59	Patates à Durand.	Triangle Tristan-Caristo	1	33	Rue Grand-Chemin.
Tinval Amédée Joseph	2	25	Rue Saint-Denis.	Trianon Isidore	1	44	R. de Paris, 44.
Tinval Edouard	1	21	Rue Sainte-Marie.	Trianon Louis	1	40	R de l'Embarcadère.
Titus Docité Elie	2	38		Trianon Richard	2	53	C. Ozoux.
Titus Julien	2	25	dito	Trinquefort Désiré Ernest	1	42	Rue de l'Eglise.
Titus Pierre Dominique	2	24	dito	Troïlle Louis	2	51	Brûlé.
Titus Prosper	2	28	R. Montreuil.	Trois-Rivières Dominique	3	50	Rivière des Pluies.
Tockembourg Pierre Elie	1	52	Rue Saint-Joseph	Tromblin Pierre	2	62	C. Ozoux.
Tocqueville Aristide	1	21		Tronquart Jean-Cadet	4	40	Montagne.
Toinette Jules	1	26	R. de Paris.	Tronquart Michel	4	44	dito
Toléda Henri	2	31	Fontaine, 65.	Trotefaible Théodore	2		R. Ruisseau des Noirs
Tollet Paul	2	24	Camp Giron.	Trotet Alexandre	1	36	R. de l'Eglise, 9.
Tollet Pierre Joseph	2	21	dito	Trotet François	1	72	dito
Toloza Toussaint	1	22	R. Grand-Chemin.	Trotobas Pierre	1	21	
Toméï Louis	4	50	R. de la Boulangerie.	Trouette Emile André Ber.	2	62	R. Saint Denis, 25.
Tonnelier François	2	30	R. Arsenal, 97	Tuco Pierre	1	21	
Tonnelier Gustave	1	37	R. Barachois.	Tuforné Fortuné	2	62	Brûlé.
Tonnin Noël	4	44	Petite-Ile.	Turby Adolphe	1	24	R. la Compagnie.
Topas Honoré	2	45	R. Mazagran.	Turby Edouard	1	29	R. de Paris, 53,
Topas Honoré	2	23	C. Ozoux.	Turby Louis	4	24	R. la Boulangerie.
Torge Olive	1	38	R. Four à Chaux.	Turc Charles	3	49	Chaudron.
Torit Emile	2	39	Camp Ozoux	Turpin Charles	3	49	Patates à Durand.
Torit Eugène	2	36	dito	Turpin Charles fils	3	27	Chaudron.
Tortel François	1	28	R. Embarcadère.	Turpin Jean-Baptiste	3	32	Patates à Durend.
Tortillard Célestin	1	55	Boulevard Lancastel.	Tympan Alphonse	2	36	Rue d'Après.

U

Ulysse Elisée	2	57	Rue Monthion.	Urbain Joseph	3	24	Sainte-Clotilde.
Ulysse Télémaque	4	63	Petite-Ile.	Urbain Paul	2	33	Rue Monthion.
Uranie Félix (Rollier)	2	24	Rue Jacob.	Urruty Joseph	2	47	R. du Bois de Nèfles.
Urbain Charles	1	30		Uzalon Joseph	2	25	Camp-Ozoux.
Urbain Ernest	1	29	Rue d'Assas.	Uzureau Prosper	1	37	R. Four à chaux 4.

V

Vabois Emile	2	56	St-François.
Vabois Julien Jh. N. Charmois	1	21	
Vacher Victor	1	21	
Vagault Amédée Louis	1	21	
Vagault Auguste	1	42	Boulevard Lancastel.
Valadi Florian	1	21	
Valady Eugène	2	28	Camp-Ozoux.
Valarcher Joseph Denis	1	63	Rue de la Réunion.
Valcarès Ch. Victor	4	44	Petite-Ile.
Valcarès Lucidon Beauséjour	3	48	Rivière des Pluies.
Valdo Pierre Paul	4	40	R. de la Boulangerie.
Valence Henry	2	79	C. Ozoux.
Valentin Amédée	1	39	Rue du Conseil.
Valentin François Ernest	1	22	Route Nationale.
Valentin Hyacinthe	4	73	Impasse du Pont.
Valentin Jacques	2	54	Rue Fénélon.
Valentin J.-B. Charles	3	52	Chaudron.
Valentin Joseph	1	53	Route Nationale.
Valentin Théophile	2	54	Rue du Barachois.
Valentin Tinval	4	62	Route Nationale.
Valery Adolphe	1	47	Route Nationale.
Valery Arius	1	21	
Valery Augustin	4	48	Petite-Ile.
Valery Chéry	2	48	Rue Lafontaine.
Valery Ernest	1	28	Rue Rempart.
Valery Fanchin	2	27	Rue Dauphine.
Valery Frédéric	2	60	d°
Valery Louis	4	49	Petite-Ile.
Valery Masséna	1	45	R. de la Compagnie.
Valgrésy Gaspard Adolphe	1	41	Rue du Barachois.
Valgrésy Saint-Ange	2	42	Lataniers.
Validor Bazile	2	49	Camp Ozoux.
Vallery Albert	2	30	Rue de la Boucherie.
Vally Alphonse	1	24	R. de l'Intendance.
Vally Eugène	1	22	dito.
Vally J.-B. Armand	1	47	dito.
Vally Jules	1	51	R. de l'Embarcadère.
Vally Michel	1	36	Rue de l'Eglise.
Vally Thomy	2	53	Brûlé.
Valmir Luc	1	70	R. Labourdonnais.
Valmir Luc fils Jules	1	29	
Valmont Henry	4	36	R. Boulangerie.
Valmont Joseph	2	59	C. Ozoux.
Valois Charles	2	66	Ruelle Pavée.
Valté Candide	2	32	Rue Sainte-Marie.
Vanier Hippolyte	1	33	Rue St-Joseph.
Vanlo Cyrille J.-B. fils	2	32	Rue du Butor, 35.
Vantardo Edmond	2	45	Rue de Caen.
Vanvalscapelle L. François Xavier	4	30	Montagne.
Varigault Louis	4	57	Quai Ouest.
Varigault Louis Napoléon	2	27	Route Nationale.
Varin Cyrille	2	36	dito
Varnel Théodore	1	22	Rue des Limites.
Vassart François	2	27	Rue Lafontaine.
Vassereau François	2	46	C. Ozoux.
Vasseur Jules Félix François	1	35	Rue du Rempart.
Vassor Louis	4	31	Montagne.
Vatel Gerville	2	49	Rue Bertin, 36.
Vaucleur	1	70	R. du Rempart.
Vaudoré Georges	1		Rue d'Assas.
Vaudoré Théodore	1	28	R. de l'Est.
Vaulbert Alexandre	2	47	R. St-Joseph.
Vaulbert Méraldy	2	80	dito
Vaulbert Octave	2	52	dito
Vauprez Ferdinand	1	63	R. du Barachois.
Vauthier Adolphe	2	49	Rue de Caen.
Vauthier Julien	2	44	R. Liancourt.
Véfour Cyrille	3	50	Rivière des Pluies
Veillant Caprice Fidèle	2	65	R. Voltaire.
Veille David	2	70	Rue Lafontaine.
Vélou François	2	50	Camp Ozoux.
Vélozières Joseph	2	43	R. Liancourt.
Venant Alidor	2	71	Ruelle Boulo.
Vene Jean François	2	68	R. Saint-Denis.
Vénérosy Edouard	2	25	R. d'Après, 39.
Vénérosy Louis	2	52	R. Monthion.
Vénil Ludovic	1	24	R. Lafférière.
Ver Léon Victor	4	44	R. de la Boulangerie
Verdier Constant	1	23	Rue du Conseil.
Verdin Gustave	2	29	R. du Barachois.
Verdin Louis	2	40	dito
Verdun Camille	1	21	dito
Vergé Edward	1	50	R. de Paris.
Vergès Raymond Jh. Ch. Aristide	4	21	R. de la Boulangerie.
Vergoz Ernest Eugène R.	1	21	
Vergoz Stéphen	2	32	R. de Caen.
Vergoz Marie Gaston	1	21	
Vermeil Victor	2	54	R. de la Source.
Vernay Auguste	1	31	R. Labourdonnais.
Verron Auguste	3	79	Chaudron.
Versaut Jean-Baptiste	2	42	R. Ruisseau des Noirs
Verssy J.-Baptiste Renay	2	33	Brûlé.
Véry Pierre	1	21	
Vessiot Aristide	2	57	R. de l'Arsenal
Vettoli Pierre Rubens	1	21	
Vève François Jean	2	62	Rue du Barachois.
Veyrières Claude Eugène	1	64	R. du Conseil.
Veyrières Maurice Louis	1	61	dito
Viader Numa	2	31	R. de la Batterie.
Vialon Anet	1	54	R. Saint-Denis.
Viau Jean Adolphe	2	43	Rue Voltaire.
Victor Adolphe	1	21	
Victor Alfred	1	21	
Victor Armand	4	59	Quai Ouest.
Victor Charles	2	28	R. Voltaire.
Victor Désiré	1	21	
Victor Edmond	2	44	R. la Fontaine.
Victor Evariste	3	74	Rivière des Pluies.
Victor Hilaire	3	33	Ste-Clotilde.
Victor Joseph	2	26	R. Ste-Marie.
Victor Joseph	2	66	Brûlé.
Victoria Michel	1	40	Rue de la Compagnie.
Victorin Emilien	4	41	R. de la Boulangerie.
Victorin Mehou	3	49	Rivière des Pluies.
Victorin Thomas	4	26	Petite-Ile.
Victorine Jules-J.-Bte.	1	21	
Victorine Louis-Joseph	2	53	R. Ruisseau des Noirs
Victorine Victor	3	46	Chaudron
Victorine Chisse	2	75	Brûlé.
Victoriny Jolicœur	3	54	Rivière des Pluies.
Vidal Jean	2	58	Rue Saint-Denis.
Vidot Amédée	2	49	Rue Voltaire.
Vidot Charles-Blémur	2	26	Camp Ozoux
Vidot Joseph-Auguste	2	37	Rue de Caen.
Vidot Louis	1	34	
Vidot Pierre	1	56	Boulevard Lancastel.
Vié Jean	2	56	Rue Saint-Denis.
Vien Jean-Baptiste	2	59	Boulevard Providence
Viéry Favori	3	80	Sainte-Clotilde.
Vigier Joseph	4	28	R. de la Boulangerie.
Vigue Abel	2	79	Camp-Ozoux.
Vilbrode Louis-Marie	3	49	Patates à Durand.
Vilfrid Albert	1	27	Rue de l'Embarcadère
Viliou Frédéric	2	45	Rue Bertin.
Villa Furcy-Louis	4	32	Quai Ouest.

Villaret Auguste	2	29	Rue Saint-Bernard.
Villaret Grandé	1	33	Boulevard Lancastel.
Villecourt de Caroillon Ferdinand	1	59	Rue Lafférière.
Villèle Albert (de)	2	65	Rue de l'Arsenal.
Villeneuve Donjon (de)	1	70	R. Grand-Chemin.
Villeneuve Henri-Emmanuel (de)	1	25	dito
Villeneuve Pierre-Dubédiès (de)	2	52	Rue Sainte-Marie.
Villeneuve Réhault-Auguste (de)	2	50	Rue de l'Arsenal.
Villeneuve Victor (de)	2	49	dito
Villepré François-Joseph-Idovic (de)	2	24	Rue de la Source.
Villepré Jean-Baptiste	1	31	Rue du Conseil.
Villiers Joseph	2	64	Camp Ozoux.
Vilnave Pierre Polémy	1	21	
Vilpont Alexandre	2	50	Rue de Caen.
Vilpont Célestin	3	27	Bois de Nèfles.
Vincent Alcibiade	1	53	Rue du Conseil.
Vincent Anatole	1	36	Rue de l'Eglise.
Vincent Aristide	1	31	Rue de la Réunion.
Vincent Fernand	4	72	Montagne.
Vincent Joseph	3	55	Chaudron.
Vincent Joseph	2	61	Camp Giron.
Vinchant Augustin	4	45	R. de la Boulangerie.
Vinson Aristide	1	51	Rue de la Réunion.
Vinson Luçay-Elie	1	42	Rue du Barachois.
Vintour	1	78	Rue de la Compagnie.
Violaine Joseph Crescent	2	51	Rue Amédée Bédier.
Violaine Louis	2	35	Rue du Conseil.
Violant Henry.	2	44	Rue Dauphine.
Violant	4	52	R. Petite Ile.
Violon Louis Saturnin	1	21	
Viramon Adolphe	2	48	Rue Montreuil.
Virgile Saint-Ange	4	25	R. de la Boulangerie
Virginie Jules	3	41	Rivière des Pluies.
Virginius Désiré	3	50	dito
Viso Séverin	4	25	R. du Grand-Chemin.
Vital Alexis Joseph	4	25	Petite-Ile.
Vital Louis, dit Sophie	4	60	Pet' -Ile.
Vitaline Jules	2	43	R. Saint-Denis.
Vivat Forêt	4	59	Montagne.
Vivien Grégoire	2	73	R. Amédée Bédier.
Vivot Léon	2	25	R. de l'Arsenal.
Vleughers Frédéric	2	70	R. Saint-Denis.
Vlody Joseph	2	36	Route Nationale.
Vlody Pierre	1	23	R. l'Embarcadère.
Volage Rodolphe	1	39	R. de l'Est.
Volange Augustave	1	30	R. du Barachois.
Volcart Charles Victor	4	40	R. de la Caserne.
Volcy Edouard	1	21	
Volcy Pierre	1	27	
Volia J.-Baptiste Eusèbe	2	41	Route Nationale.
Vollard Alexandre Ambroise	2	46	R. de Paris.
Volpei Paul Martin	2	34	R. du Grand-Chemin.
Volsan Amis	2	69	Brûlé.
Volsan Aristide	4	30	Quai Ouest.
Volsan Cupidon	1	58	R. Rempart.
Volsan Ernest	4	40	R. de la Boulangerie.
Volsan Jean	1	53	R. de la Compagnie.
Volsan Joseph	4	65	R. Amelin.
Volsan Léopold	1	25	R. de la Compagnie.
Volsan Léopold Albeau	1	28	R. de Paris
Volsan Oscar Ferdinand	4	25	R. Amelin.
Volsan Paul Achille	1	38	R. Rempart, 2.
Volsan Théodore	4	30	Petite-Ile.
Voltaire Louis Etienne	2	60	R. Sainte-Marie.
Vosprez Amédée	2	59	Rue du Conseil.
Vosprez Amédée fils	2	24	R. du Rempart.
Vosprez Constant	2	27	R. Monthion.
Vosprez Jules	2	33	Ruisseau des Noirs.
Voulaza Victor	3	44	Chaudron.
Vouzelle Laurent	1	23	Camp Géner.
Vnabe Edouard	2	43	R. Dauphine.
Vuatelet Robert Rémy-Frédéric	1	21	
Vuau Cartahu	1	60	R. du Cimetière.
Vulcain Louis Marie	2	48	R. Saint-Philippe.

W

Watson Gustave	2	40	Rue Arsenal.
Welment Chéry	2	47	R. Saint-Bernard.
Welment Gustave	3	36	Chaudron.
Wetley Joseph	1	24	R. du Conseil.
Wherlé Frédéric	2	34	R. Lafontaine.
Wickers Emile	1	43	R. Grand-Chemin.
Wickers Hippolyte	1	27	R. Grand-Chemin.
Williams Georges	2	28	Rue la Source.
Williams Jules	1	50	Boulevard Lancastel.
Wilmann Camille	1	21	
Wilmann Charles Edouard	1	61	R. de la Compagnie.
Wilman Jules Joseph	1	21	
Wislez Auguste Eugène	2	51	Rue Dauphine.
Wolf Aurélien	2	58	R. Mazagran.
Wuatelet Charles	2	66	R. Jacob.

X

Xavier Alexandre	2	42	Rue Suffren.
Xavier Ernest	2	25	C. Ozoux.
Xavier François	1		dito
Xavier Ularic	2	53	R. l'Embarcadère.

Y

Ygon Hippolyte-Pierre	2	38	Rue de la Source
Yola Ernest-Aulo	3	32	Bois de Nèfles.
Yolas Laurent	2	62	R. de la Source, 28.
Yolas Victor Emmanuel	1	21	
Yrède Albert	1	21	
Yru Pierre	3	64	Chaudron.
Yvetot Edouard	1	39	R. du Conseil, 76.
Yvon Julien	1	21	
Yvon Justin	2	28	Ruisseau des Noirs.

Z

Zacharie Pierre	1	35	R. du Grand-Chemin
Zainor Jean-Baptiste	1	21	
Zara Hippolyte	4	69	Petite-Ile.
Zélidor Jules	1	22	Rue des Limites.
Zéline Ernest	1	26	R. de la Compagnie.
Zénade Pierre-Venant	1	21	
Zénéro Gabriel.	2	60	Saint-François.
Zengeau Augustave	1	30	Rue Labourdonnais.
Zima Julien	1	21	
Zingo Adolphe	2	55	Rue Monthion.
Zitte Joseph fils	3	52	Rivière des Pluies
Zitte Joseph père	3	87	dito
Zoé Augustin	2	30	R. Ruisseau des Noirs.
Zoé Edouard	2	26	Rue de l'Arsenal.
Zoé François-Clément	2	26	Rue Liancourt.
Zoé Joseph	4		Rue de la Boucherie.
Zora Azor	2	65	R. du Bois de Nèfles.

Typ. de Gabriel et Gaston Lahuppe,
Saint-Denis (Réunion).